EL ÚLTIMO APAGA LA LUZ

Obra selecta

Nicanor Parra

Selección y edición de Matías Rivas

LUMEN

Papel certificado por el Forest Stewardship Council®

Primera edición con esta encuadernación: marzo de 2024

Printed in Spain – Impreso en España

ISBN: 978-84-264-2991-9
Depósito legal: B-688-2024

Compuesto en M. I. Maquetación, S. L.
Impreso en Unigraf, S. L.,
Móstoles (Madrid)

H 4 2 9 9 1 9

POESÍA

215

POEMAS Y ANTIPOEMAS

1954

I

SINFONÍA DE CUNA

Una vez andando
Por un parque inglés
Con un angelorum
Sin querer me hallé.

Buenos días, dijo,
Yo le contesté,
Él en castellano,
Pero yo en francés.

Dites moi, don ángel,
Comment va monsieur.

Él me dio la mano,
Yo le tomé el pie:
¡Hay que ver, señores,
Cómo un ángel es!

Fatuo como el cisne,
Frío como un riel,
Gordo como un pavo,
Feo como usted.

Susto me dio un poco
Pero no arranqué.

Le busqué las plumas,
Plumas encontré,
Duras como el duro
Cascarón de un pez.

¡Buenas con que hubiera
Sido Lucifer!

Se enojó conmigo,
Me tiró un revés
Con su espada de oro,
Yo me le agaché.

Ángel más absurdo
Non volveré a ver.

Muerto de la risa
Dije good bye sir,
Siga su camino,
Que le vaya bien,
Que la pise el auto,
Que la mate el tren.

Ya se acabó el cuento,
Uno, dos y tres.

DEFENSA DEL ÁRBOL

Por qué te entregas a esa piedra
Niño de ojos almendrados
Con el impuro pensamiento
De derramarla contra el árbol.
Quien no hace nunca daño a nadie
No se merece tan mal trato.
Ya sea sauce pensativo
Ya melancólico naranjo
Debe ser siempre por el hombre
Bien distinguido y respetado:
Niño perverso que lo hiera
Hiere a su padre y a su hermano.
Yo no comprendo, francamente,
Cómo es posible que un muchacho
Tenga este gesto tan indigno
Siendo tan rubio y delicado.
Seguramente que tu madre
No sabe el cuervo que ha criado,
Te cree un hombre verdadero,
Yo pienso todo lo contrario:
Creo que no hay en todo Chile
Niño tan mal intencionado.
¡Por qué te entregas a esa piedra
Como a un puñal envenenado,
Tú que comprendes claramente
La gran persona que es el árbol!
Él da la fruta deleitosa
Más que la leche, más que el nardo;
Leña de oro en el invierno,
Sombra de plata en el verano
Y, lo que es más que todo junto,
Crea los vientos y los pájaros.
Piénsalo bien y reconoce
Que no hay amigo como el árbol,
Adondequiera que te vuelvas

Siempre lo encuentras a tu lado,
Vayas pisando tierra firme
O móvil mar alborotado,
Estés meciéndote en la cuna
O bien un día agonizando,
Más fiel que el vidrio del espejo
Y más sumiso que un esclavo.
Medita un poco lo que haces,
Mira que Dios te está mirando,
Ruega al señor que te perdone
De tan gravísimo pecado
Y nunca más la piedra ingrata
Salga silbando de tu mano.

CATALINA PARRA

Caminando sola
Por ciudad extraña
Qué será de nuestra
Catalina Parra.

Cuánto tiempo ¡un año!
Que no sé palabra
De esta memorable
Catalina Parra.

Bajo impenitente
Lluvia derramada
Adónde irá la pobre
Catalina Parra.

¡Ah, si yo supiera!
Pero no sé nada
Cuál es tu destino
Catalina Pálida.

Sólo sé que mientras
Digo estas palabras
En volver a verte
Cifro la esperanza.

Aunque solo seas
Vista a la distancia
Niña inolvidable,
Catalina Parra.

Hija mía, ¡cuántas
Veces comparada
Con la rutilante
Luz de la mañana!

Ay, amor perdido,
¡Lámpara sellada!
Que esta rosa nunca
Pierda su fragancia.

PREGUNTAS A LA HORA DEL TÉ

Este señor desvaído parece
Una figura de un museo de cera;
Mira a través de los visillos rotos:
¿Qué vale más, el oro o la belleza?,
¿Vale más el arroyo que se mueve
O la chépica fija a la ribera?
A lo lejos se oye una campana
Que abre una herida más, o que la cierra:
¿Es más real el agua de la fuente
O la muchacha que se mira en ella?
No se sabe, la gente se lo pasa
Construyendo castillos en la arena:
¿Es superior el vaso transparente
A la mano del hombre que lo crea?
Se respira una atmósfera cansada
De ceniza, de humo, de tristeza:
Lo que se vio una vez ya no se vuelve
A ver igual, dicen las hojas secas.
Hora del té, tostadas, margarina,
Todo envuelto en una especie de niebla.

HAY UN DÍA FELIZ

A recorrer me dediqué esta tarde
Las solitarias calles de mi aldea
Acompañado por el buen crepúsculo
Que es el único amigo que me queda.
Todo está como entonces, el otoño
Y su difusa lámpara de niebla,
Solo que el tiempo lo ha invadido todo
Con su pálido manto de tristeza.
Nunca pensé, creédmelo, un instante
Volver a ver esta querida tierra,
Pero ahora que he vuelto no comprendo
Cómo pude alejarme de su puerta.
Nada ha cambiado, ni sus casas blancas
Ni sus viejos portones de madera.
Todo está en su lugar; las golondrinas
En la torre más alta de la iglesia;
El caracol en el jardín; y el musgo
En las húmedas manos de las piedras.
No se puede dudar, este es el reino
Del cielo azul y de las hojas secas
En donde todo y cada cosa tiene
Su singular y plácida leyenda:
Hasta en la propia sombra reconozco
La mirada celeste de mi abuela.
Estos fueron los hechos memorables
Que presenció mi juventud primera,
El correo en la esquina de la plaza
Y la humedad en las murallas viejas.
¡Buena cosa, Dios mío! Nunca sabe
Uno apreciar la dicha verdadera,
Cuando la imaginamos más lejana
Es justamente cuando está más cerca.
Ay de mí, ¡ay de mí!, algo me dice
Que la vida no es más que una quimera;
Una ilusión, un sueño sin orillas,

Una pequeña nube pasajera.
Vamos por partes, no sé bien qué digo,
La emoción se me sube a la cabeza.
Como ya era la hora del silencio
Cuando emprendí mi singular empresa,
Una tras otra, en oleaje mudo,
Al establo volvían las ovejas.
Las saludé personalmente a todas
Y cuando estuve frente a la arboleda
Que alimenta el oído del viajero
Con su inefable música secreta
Recordé el mar y enumeré las hojas
En homenaje a mis hermanas muertas.
Perfectamente bien. Seguí mi viaje
Como quien de la vida nada espera.
Pasé frente a la rueda del molino,
Me detuve delante de una tienda:
El olor del café siempre es el mismo,
Siempre la misma luna en mi cabeza;
Entre el río de entonces y el de ahora
No distingo ninguna diferencia.
Lo reconozco bien, este es el árbol
Que mi padre plantó frente a la puerta
(Ilustre padre que en sus buenos tiempos
Fuera mejor que una ventana abierta).
Yo me atrevo a afirmar que su conducta
Era un trasunto fiel de la Edad Media
Cuando el perro dormía dulcemente
Bajo el ángulo recto de una estrella.
A estas alturas siento que me envuelve
El delicado olor de las violetas
Que mi amorosa madre cultivaba
Para curar la tos y la tristeza.
Cuánto tiempo ha pasado desde entonces
No podría decirlo con certeza;
Todo está igual, seguramente,
El vino y el ruiseñor encima de la mesa,
Mis hermanos menores a esta hora
Deben venir de vuelta de la escuela:
¡Solo que el tiempo lo ha borrado todo
Como una blanca tempestad de arena!

ES OLVIDO

Juro que no recuerdo ni su nombre,
Mas moriré llamándola María,
No por simple capricho de poeta:
Por su aspecto de plaza de provincia.
¡Tiempos aquellos! Yo un espantapájaros,
Ella una joven pálida y sombría.
Al volver una tarde del Liceo
Supe de la su muerte inmerecida,
Nueva que me causó tal desengaño
Que derramé una lágrima al oírla.
Una lágrima, sí, ¡quién lo creyera!
Y eso que soy persona de energía.
Si he de conceder crédito a lo dicho
Por la gente que trajo la noticia
Debo creer, sin vacilar un punto,
Que murió con mi nombre en las pupilas,
Hecho que me sorprende, porque nunca
Fue para mí otra cosa que una amiga.
Nunca tuve con ella más que simples
Relaciones de estricta cortesía,
Nada más que palabras y palabras
Y una que otra mención de golondrinas.
La conocí en mi pueblo (de mi pueblo
Solo queda un puñado de cenizas),
Pero jamás vi en ella otro destino
Que el de una joven triste y pensativa.
Tanto fue así que hasta llegué a tratarla
Con el celeste nombre de María,
Circunstancia que prueba claramente
La exactitud central de mi doctrina.
Puede ser que una vez la haya besado,
¡Quién es el que no besa a sus amigas!
Pero tened presente que lo hice
Sin darme cuenta bien de lo que hacía.
No negaré, eso sí, que me gustaba

Su inmaterial y vaga compañía
Que era como el espíritu sereno
Que a las flores domésticas anima.
Yo no puedo ocultar de ningún modo
La importancia que tuvo su sonrisa
Ni desvirtuar el favorable influjo
Que hasta en las mismas piedras ejercía.
Agreguemos, aún, que de la noche
Fueron sus ojos fuente fidedigna.
Mas, a pesar de todo, es necesario
Que comprendan que yo no la quería
Sino con ese vago sentimiento
Con que a un pariente enfermo se designa.
Sin embargo sucede, sin embargo,
Lo que a esta fecha aún me maravilla,
Ese inaudito y singular ejemplo
De morir con mi nombre en las pupilas,
Ella, múltiple rosa inmaculada,
Ella que era una lámpara legítima.
Tiene razón, mucha razón, la gente
Que se pasa quejando noche y día
De que el mundo traidor en que vivimos
Vale menos que rueda detenida:
Mucho más honorable es una tumba,
Vale más una hoja enmohecida,
Nada es verdad, aquí nada perdura,
Ni el color del cristal con que se mira.

Hoy es un día azul de primavera,
Creo que moriré de poesía,
De esa famosa joven melancólica
No recuerdo ni el nombre que tenía.
Solo sé que pasó por este mundo
Como una paloma fugitiva:
La olvidé sin quererlo, lentamente,
Como todas las cosas de la vida.

SE CANTA AL MAR

Nada podrá apartar de mi memoria
La luz de aquella misteriosa lámpara,
Ni el resultado que en mis ojos tuvo
Ni la impresión que me dejó en el alma.
Todo lo puede el tiempo, sin embargo
Creo que ni la muerte ha de borrarla.
Voy a explicarme aquí, si me permiten,
Con el eco mejor de mi garganta.
Por aquel tiempo yo no comprendía
Francamente ni cómo me llamaba,
No había escrito aún mi primer verso
Ni derramado mi primera lágrima;
Era mi corazón ni más ni menos
Que el olvidado kiosco de una plaza.
Mas sucedió que cierta vez mi padre
Fue desterrado al sur, a la lejana
Isla de Chiloé donde el invierno
Es como una ciudad abandonada.
Partí con él y sin pensar llegamos
A Puerto Montt una mañana clara.
Siempre había vivido mi familia
En el valle central o en la montaña,
De manera que nunca, ni por pienso,
Se conversó del mar en nuestra casa.
Sobre este punto yo sabía apenas
Lo que en la escuela pública enseñaban
Y una que otra cuestión de contrabando
De las cartas de amor de mis hermanas.
Descendimos del tren entre banderas
Y una solemne fiesta de campanas
Cuando mi padre me cogió de un brazo
Y volviendo los ojos a la blanca,
Libre y eterna espuma que a lo lejos
Hacia un país sin nombre navegaba,
Como quien reza una oración me dijo

Con voz que tengo en el oído intacta:
«Este es, muchacho, el mar». El mar sereno,
El mar que baña de cristal la patria.
No sé decir por qué, pero es el caso
Que una fuerza mayor me llenó el alma
Y sin medir, sin sospechar siquiera,
La magnitud real de mi campaña,
Eché a correr, sin orden ni concierto,
Como un desesperado hacia la playa
Y en un instante memorable estuve
Frente a ese gran señor de las batallas.
Entonces fue cuando extendí los brazos
Sobre el haz ondulante de las aguas,
Rígido el cuerpo, las pupilas fijas,
En la verdad sin fin de la distancia,
Sin que en mi ser moviérase un cabello,
¡Como la sombra azul de las estatuas!
Cuánto tiempo duró nuestro saludo
No podrían decirlo las palabras.
Solo debo agregar que en aquel día
Nació en mi mente la inquietud y el ansia
De hacer en verso lo que en ola y ola
Dios a mi vista sin cesar creaba.
Desde ese entonces data la ferviente
Y abrasadora sed que me arrebata:
Es que, en verdad, desde que existe el mundo,
La voz del mar en mi persona estaba.

II

DESORDEN EN EL CIELO

Un cura, sin saber cómo,
Llegó a las puertas del cielo,
Tocó la aldaba de bronce,
A abrirle vino san Pedro:
«Si no me dejas entrar
Te corto los crisantemos».
Con voz respondiole el santo
Que se parecía al trueno:
«Retírate de mi vista
Caballo de mal agüero,
Cristo Jesús no se compra
Con mandas ni con dinero
Y no se llega a sus pies
Con dichos de marinero.
Aquí no se necesita
Del brillo de tu esqueleto
Para amenizar el baile
De Dios y de sus adeptos.
Viviste entre los humanos
Del miedo de los enfermos
Vendiendo medallas falsas
Y cruces de cementerio.
Mientras los demás mordían
Un mísero pan de afrecho
Tú te llenabas la panza
De carne y de huevos frescos.
La araña de la lujuria
Se multiplicó en tu cuerpo
Paraguas chorreando sangre
¡Murciélago del infierno!».
Después resonó un portazo,
Un rayo iluminó el cielo,
Temblaron los corredores
Y el ánima sin respeto
Del fraile rodó de espaldas
Al hoyo de los infiernos.

SAN ANTONIO

En un rincón de la capilla
El eremita se complace
En el dolor de las espinas
Y en el martirio de la carne.

A sus pies rotos por la lluvia
Caen manzanas materiales
Y la serpiente de la duda
Silba detrás de los cristales.

Sus labios rojos con el vino
De los placeres terrenales
Ya se desprenden de su boca
Como coágulos de sangre.

Esto no es todo, sus mejillas
A la luz negra de la tarde
Muestran las hondas cicatrices
De las espinas genitales.

Y en las arrugas de su frente
Que en el vacío se debate
Están grabados a porfía
Los siete vicios capitales.

AUTORRETRATO

Considerad, muchachos,
Esta lengua roída por el cáncer:
Soy profesor en un liceo obscuro,
He perdido la voz haciendo clases.
(Después de todo o nada
Hago cuarenta horas semanales.)
¿Qué os parece mi cara abofeteada?
¡Verdad que inspira lástima mirarme!
Y qué decís de esta nariz podrida
Por la cal de la tiza degradante.

En materia de ojos, a tres metros
No reconozco ni a mi propia madre.
¿Qué me sucede? —Nada.
Me los he arruinado haciendo clases:
La mala luz, el sol,
La venenosa luna miserable.
Y todo para qué,
Para ganar un pan imperdonable
Duro como la cara del burgués
Y con sabor y con olor a sangre.
¡Para qué hemos nacido como hombres
Si nos dan una muerte de animales!

Por el exceso de trabajo, a veces
Veo formas extrañas en el aire,
Oigo carreras locas,
Risas, conversaciones criminales.
Observad estas manos
Y estas mejillas blancas de cadáver,
Estos escasos pelos que me quedan,
¡Estas negras arrugas infernales!

Sin embargo yo fui tal como ustedes,
Joven, lleno de bellos ideales,
Soñé fundiendo el cobre
Y limando las caras del diamante:
Aquí me tienen hoy
Detrás de este mesón inconfortable
Embrutecido por el sonsonete
De las quinientas horas semanales.

CANCIÓN

Quién eres tú repentina
Doncella que te desplomas
Como la araña que pende
Del pétalo de una rosa.

Tu cuerpo relampaguea
Entre las maduras pomas
Que el aire caliente arranca
Del árbol de la centolla.

Caes con el sol, esclava
Dorada de la amapola,
Y lloras entre los brazos
Del hombre que te deshoja.

¿Eres mujer o eres dios,
Muchacha que te incorporas
Como una nueva Afrodita
Del fondo de una corola?

Herida en lo más profundo
Del cáliz, te desenrollas,
Gimes de placer, te estiras,
Te rompes como una copa.

Mujer parecida al mar
—Violada entre ola y ola—
Eres más ardiente aún
Que un cielo de nubes rojas.

La mesa está puesta, muerde
La uva que te trastorna
Y besa con ira el duro
Cristal que te vuelve loca.

ODA A UNAS PALOMAS

Qué divertidas son
Estas palomas que se burlan de todo,
Con sus pequeñas plumas de colores
Y sus enormes vientres redondos.
Pasan del comedor a la cocina
Como hojas que dispersa el otoño
Y en el jardín se instalan a comer
Moscas, de todo un poco,
Picotean las piedras amarillas
O se paran en el lomo del toro:
Más ridículas son que una escopeta
O que una rosa llena de piojos.
Sus estudiados vuelos, sin embargo,
Hipnotizan a mancos y cojos
Que creen ver en ellas
La explicación de este mundo y el otro.
Aunque no hay que confiarse porque tienen
El olfato del zorro,
La inteligencia fría del reptil
Y la experiencia larga del loro.
Más hipócritas son que el profesor
Y que el abad que se cae de gordo.
Pero al menor descuido se abalanzan
Como bomberos locos,
Entran por la ventana al edificio
Y se apoderan de la caja de fondos.

A ver si alguna vez
Nos agrupamos realmente todos
Y nos ponemos firmes
Como gallina que defiende sus pollos.

EPITAFIO

De estatura mediana,
Con una voz ni delgada ni gruesa,
Hijo mayor de un profesor primario
Y de una modista de trastienda;
Flaco de nacimiento
Aunque devoto de la buena mesa;
De mejillas escuálidas
Y de más bien abundantes orejas;
Con un rostro cuadrado
En que los ojos se abren apenas
Y una nariz de boxeador mulato
Baja a la boca de ídolo azteca
—Todo esto bañado
Por una luz entre irónica y pérfida—
Ni muy listo ni tonto de remate
Fui lo que fui: una mezcla
De vinagre y de aceite de comer
¡Un embutido de ángel y bestia!

III

ADVERTENCIA AL LECTOR

El autor no responde de las molestias que puedan ocasionar sus
escritos:
Aunque le pese
El lector tendrá que darse siempre por satisfecho.
Sabelius, que además de teólogo fue un humorista consumado,
Después de haber reducido a polvo el dogma de la Santísima Trinidad
¿Respondió acaso de su herejía?
Y si llegó a responder, ¡cómo lo hizo!
¡En qué forma descabellada!
¡Basándose en qué cúmulo de contradicciones!

Según los doctores de la ley este libro no debiera publicarse:
La palabra arcoíris no aparece en él en ninguna parte,
Menos aún la palabra dolor,
La palabra torcuato.
Sillas y mesas sí que figuran a granel,
¡Ataúdes!, ¡útiles de escritorio!
Lo que me llena de orgullo
Porque, a mi modo de ver, el cielo se está cayendo a pedazos.

Los mortales que hayan leído el *Tractatus* de Wittgenstein
Pueden darse con una piedra en el pecho
Porque es una obra difícil de conseguir:
Pero el Círculo de Viena se disolvió hace años,
Sus miembros se dispersaron sin dejar huella
Y yo he decidido declarar la guerra a los cavalieri di la luna.

Mi poesía puede perfectamente no conducir a ninguna parte:
«¡Las risas de este libro son falsas!», argumentarán mis detractores,
«Sus lágrimas, ¡artificiales!»
«En vez de suspirar, en estas páginas se bosteza»
«Se patalea como un niño de pecho»
«El autor se da a entender a estornudos».
Conforme: os invito a quemar vuestras naves,
Como los fenicios pretendo formarme mi propio alfabeto.

«¿A qué molestar al público entonces?», se preguntarán los amigos lectores:
«Si el propio autor empieza por desprestigiar sus escritos,
¡Qué podrá esperarse de ellos!».
Cuidado, yo no desprestigio nada
O, mejor dicho, yo exalto mi punto de vista,
Me vanaglorio de mis limitaciones,
Pongo por las nubes mis creaciones.

Los pájaros de Aristófanes
Enterraban en sus propias cabezas
Los cadáveres de sus padres.
(Cada pájaro era un verdadero cementerio volante.)
A mi modo de ver
Ha llegado la hora de modernizar esta ceremonia
¡Y yo entierro mis plumas en la cabeza de los señores lectores!

ROMPECABEZAS

No doy a nadie el derecho.
Adoro un trozo de trapo.
Traslado tumbas de lugar.

Traslado tumbas de lugar.
No doy a nadie el derecho.
Yo soy un tipo ridículo
A los rayos del sol
Azote de las fuentes de soda.
Yo me muero de rabia.

Yo no tengo remedio
Mis propios pelos me acusan
En un altar de ocasión
Las máquinas no perdonan.

Me río detrás de una silla
Mi cara se llena de moscas.

Yo soy quien se expresa mal
Expresa en vistas de qué.

Yo tartamudeo
Con el pie toco una especie de feto.

¿Para qué son estos estómagos?
¿Quién hizo esta mezcolanza?

Lo mejor es hacer el indio.
Yo digo una cosa por otra.

PAISAJE

¡Veis esa pierna humana que cuelga de la luna
Como un árbol que crece para abajo
Esa pierna temible que flota en el vacío
Iluminada apenas por el rayo
De la luna y el aire del olvido!

CARTAS A UNA DESCONOCIDA

Cuando pasen los años, cuando pasen
Los años y el aire haya cavado un foso
Entre tu alma y la mía; cuando pasen los años
Y yo solo sea un hombre que amó,
Un ser que se detuvo un instante frente a tus labios,
Un pobre hombre cansado de andar por los jardines,
¿Dónde estarás tú? ¡Dónde
Estarás, oh hija de mis besos!

NOTAS DE VIAJE

Yo me mantuve alejado de mi puesto durante años.
Me dediqué a viajar, a cambiar impresiones con mis interlocutores,
Me dediqué a dormir;
Pero las escenas vividas en épocas anteriores se hacían presentes en mi memoria.
Durante el baile yo pensaba en cosas absurdas:
Pensaba en unas lechugas vistas el día anterior
Al pasar delante de la cocina,
Pensaba un sinnúmero de cosas fantásticas relacionadas con mi familia;
Entretanto el barco ya había entrado al río,
Se abría paso a través de un banco de medusas.
Aquellas escenas fotográficas afectaban mi espíritu,
Me obligaban a encerrarme en mi camarote;
Comía a la fuerza, me rebelaba contra mí mismo,
Constituía un peligro permanente a bordo
Puesto que en cualquier momento podía salir con un contrasentido.

MADRIGAL

Yo me haré millonario una noche
Gracias a un truco que me permitirá fijar las imágenes
En un espejo cóncavo. O convexo.

Me parece que el éxito será completo
Cuando logre inventar un ataúd de doble fondo
Que permita al cadáver asomarse a otro mundo.

Ya me he quemado bastante las pestañas
En esta absurda carrera de caballos
En que los jinetes son arrojados de sus cabalgaduras
Y van a caer entre los espectadores.

Justo es, entonces, que trate de crear algo
Que me permita vivir holgadamente
O que por lo menos me permita morir.

Estoy seguro de que mis piernas tiemblan,
Sueño que se me caen los dientes
Y que llego tarde a unos funerales.

SOLO DE PIANO

Ya que la vida del hombre no es sino una acción a distancia,
Un poco de espuma que brilla en el interior de un vaso;
Ya que los árboles no son sino muebles que se agitan:
No son sino sillas y mesas en movimiento perpetuo;
Ya que nosotros mismos no somos más que seres
(Como el dios mismo no es otra cosa que dios);
Ya que no hablamos para ser escuchados
Sino para que los demás hablen
Y el eco es anterior a las voces que lo producen;
Ya que ni siquiera tenemos el consuelo de un caos
En el jardín que bosteza y que se llena de aire,
Un rompecabezas que es preciso resolver antes de morir
Para poder resucitar después tranquilamente
Cuando se ha usado en exceso de la mujer;
Ya que también existe un cielo en el infierno,
Dejad que yo también haga algunas cosas:

Yo quiero hacer un ruido con los pies
Y quiero que mi alma encuentre su cuerpo.

EL PEREGRINO

Atención, señoras y señores, un momento de atención:
Volved un instante la cabeza hacia este lado de la república,
Olvidad por una noche vuestros asuntos personales,
El placer y el dolor pueden aguardar a la puerta:
Una voz se oye desde este lado de la república.
¡Atención, señoras y señores!, ¡un momento de atención!

Un alma que ha estado embotellada durante años
En una especie de abismo sexual e intelectual
Alimentándose escasamente por la nariz
Desea hacerse escuchar por ustedes.
Deseo que se me informe sobre algunas materias,
Necesito un poco de luz, el jardín se cubre de moscas,
Me encuentro en un desastroso estado mental,
Razono a mi manera;
Mientras digo estas cosas veo una bicicleta apoyada en un muro,
Veo un puente
Y un automóvil que desaparece entre los edificios.

Ustedes se peinan, es cierto, ustedes andan a pie por los jardines,
Debajo de la piel ustedes tienen otra piel,
Ustedes poseen un séptimo sentido
Que les permite entrar y salir automáticamente.
Pero yo soy un niño que llama a su madre detrás de las rocas,
Soy un peregrino que hace saltar las piedras a la altura de su nariz,
Un árbol que pide a gritos se le cubra de hojas.

PALABRAS A TOMÁS LAGO

Antes de entrar en materia,
Antes, pero mucho antes de entrar en espíritu,
Piensa un poco en ti mismo, Tomás
Lago, y considera lo que está por venir,
También lo que está por huir para siempre
De ti, de mí,
De las personas que nos escuchan.

Me refiero a una sombra,
A ese trozo de ser que tú arrastras
Como a una bestia a quien hay que dar de comer y beber
Y me refiero a un objeto,
A esos muebles de estilo que tú coleccionas con horror,
A esas coronas mortuorias y a esas espantosas sillas de montar
(Me refiero a una luz).

Te vi por primera vez en Chillán
En una sala llena de sillas y mesas
A unos pasos de la tumba de tu padre.
Tú comías un pollo frío,
A grandes sorbos hacías sonar una botella de vino.

Dime de dónde habías llegado.
El nocturno siguió viaje al sur,
Tú hacías un viaje de placer
O ¿te presentabas acaso vestido de incógnito?

En aquella época ya eras un hombre de edad,
Luego vinieron unas quintas de recreo
Que más parecían mataderos de seres humanos:
Había que andar casi toda la noche en tranvía
Para llegar a ese lugar maldito,
A esa letrina cubierta de flores.

Vinieron también esas conferencias desorganizadas,
Ese polvo mortal de la Feria del Libro,
Vinieron, Tomás, esas elecciones angustiosas,
Esas ilusiones y esas alucinaciones.

¡Qué triste ha sido todo esto!
¡Qué triste! pero ¡qué alegre a la vez!
¡Qué edificante espectáculo hemos dado nosotros
Con nuestras llagas, con nuestros dolores!
A todo lo cual vino a sumarse un afán,
Un temor,
Vinieron a sumarse miles de pequeños dolores,
¡Vino a sumarse, en fin, un dolor más profundo y más agudo!

Piensa, pues, un momento en estas cosas,
En lo poco y nada que va quedando de nosotros,
Si te parece, piensa en el más allá,
Porque es justo pensar
Y porque es útil creer que pensamos.

RECUERDOS DE JUVENTUD

Lo cierto es que yo iba de un lado a otro,
A veces chocaba con los árboles,
Chocaba con los mendigos,
Me abría paso a través de un bosque de sillas y mesas,
Con el alma en un hilo veía caer las grandes hojas.
Pero todo era inútil,
Cada vez me hundía más y más en una especie de jalea;
La gente se reía de mis arrebatos,
Los individuos se agitaban en sus butacas como algas movidas por las olas
Y las mujeres me dirigían miradas de odio
Haciéndome subir, haciéndome bajar,
Haciéndome llorar y reír en contra de mi voluntad.

De todo esto resultó un sentimiento de asco,
Resultó una tempestad de frases incoherentes,
Amenazas, insultos, juramentos que no venían al caso,
Resultaron unos movimientos agotadores de caderas,
Aquellos bailes fúnebres
Que me dejaban sin respiración
Y que me impedían levantar cabeza durante días,
Durante noches.

Yo iba de un lado a otro, es verdad,
Mi alma flotaba en las calles
Pidiendo socorro, pidiendo un poco de ternura;
Con una hoja de papel y un lápiz yo entraba en los cementerios
Dispuesto a no dejarme engañar.
Daba vueltas y vueltas en torno al mismo asunto,
Observaba de cerca las cosas
O en un ataque de ira me arrancaba los cabellos.

De esa manera hice mi debut en las salas de clases,
Como un herido a bala me arrastré por los ateneos,
Crucé el umbral de las casas particulares,

Con el filo de la lengua traté de comunicarme con los espectadores:
Ellos leían el periódico
O desaparecían detrás de un taxi.

¡Adónde ir entonces!
A esas horas el comercio estaba cerrado;
Yo pensaba en un trozo de cebolla visto durante la cena,
Y en el abismo que nos separa de los otros abismos.

EL TÚNEL

Pasé una época de mi juventud en casa de unas tías
A raíz de la muerte de un señor íntimamente ligado a ellas
Cuyo fantasma las molestaba sin piedad
Haciéndoles imposible la vida.

En el principio yo me mantuve sordo a sus telegramas
A sus epístolas concebidas en un lenguaje de otra época
Llenas de alusiones mitológicas
Y de nombres propios desconocidos para mí
Varios de ellos pertenecientes a sabios de la antigüedad
A filósofos medievales de menor cuantía
A simples vecinos de la localidad que ellas habitaban.

Abandonar de buenas a primeras la universidad
Romper con los encantos de la vida galante
Interrumpirlo todo
Con el objeto de satisfacer los caprichos de tres ancianas histéricas
Llenas de toda clase de problemas personales
Resultaba, para una persona de mi carácter,
Un porvenir poco halagador
Una idea descabellada.

Cuatro años viví en El Túnel, sin embargo,
En comunidad con aquellas temibles damas
Cuatro años de martirio constante
De la mañana a la noche.
Las horas de regocijo que pasé debajo de los árboles
Tornáronse pronto en semanas de hastío
En meses de angustia que yo trataba de disimular al máximo

Con el objeto de no despertar curiosidad en torno a mi persona,
Tornáronse en años de ruina y de miseria
¡En siglos de prisión vividos por mi alma
En el interior de una botella de mesa!

Mi concepción espiritualista del mundo
Me situó ante los hechos en un plano de franca inferioridad:
Yo lo veía todo a través de un prisma
En el fondo del cual las imágenes de mis tías se entrelazaban como hilos vivientes
Formando una especie de malla impenetrable
Que hería mi vista haciéndola cada vez más ineficaz.

Un joven de escasos recursos no se da cuenta de las cosas.
Él vive en una campana de vidrio que se llama Arte
Que se llama Lujuria, que se llama Ciencia
Tratando de establecer contacto con un mundo de relaciones
Que solo existen para él y para un pequeño grupo de amigos.

Bajo los efectos de una especie de vapor de agua
Que se filtraba por el piso de la habitación
Inundando la atmósfera hasta hacerlo todo invisible
Yo pasaba las noches ante mi mesa de trabajo
Absorbido en la práctica de la escritura automática.

Pero para qué profundizar en estas materias desagradables
Aquellas matronas se burlaron miserablemente de mí
Con sus falsas promesas, con sus extrañas fantasías
Con sus dolores sabiamente simulados
Lograron retenerme entre sus redes durante años
Obligándome tácitamente a trabajar para ellas
En faenas de agricultura
En compraventa de animales
Hasta que una noche, mirando por la cerradura
Me impuse que una de ellas
¡Mi tía paralítica!
Caminaba perfectamente sobre la punta de sus piernas
Y volví a la realidad con un sentimiento de los demonios.

LA VÍBORA

Durante largos años estuve condenado a adorar a una mujer
despreciable
Sacrificarme por ella, sufrir humillaciones y burlas sin cuento,
Trabajar día y noche para alimentarla y vestirla
Llevar a cabo algunos delitos, cometer algunas faltas,
A la luz de la luna realizar pequeños robos,
Falsificaciones de documentos comprometedores,
So pena de caer en descrédito ante sus ojos fascinantes.
En horas de comprensión solíamos concurrir a los parques
Y retratarnos juntos manejando una lancha a motor,
O nos íbamos a un café danzante
Donde nos entregábamos a un baile desenfrenado
Que se prolongaba hasta altas horas de la madrugada.

Largos años viví prisionero del encanto de aquella mujer
Que solía presentarse a mi oficina completamente desnuda
Ejecutando las contorsiones más difíciles de imaginar
Con el propósito de incorporar mi pobre alma a su órbita
Y, sobre todo, para extorsionarme hasta el último centavo.
Me prohibía estrictamente que me relacionase con mi familia.
Mis amigos eran separados de mí mediante libelos infamantes
Que la víbora hacía publicar en un diario de su propiedad.
Apasionada hasta el delirio no me daba un instante de tregua,
Exigiéndome perentoriamente que besara su boca
Y que contestase sin dilación sus necias preguntas,
Varias de ellas referentes a la eternidad y a la vida futura,
Temas que producían en mí un lamentable estado de ánimo,
Zumbidos de oídos, entrecortadas náuseas, desvanecimientos
prematuros
Que ella sabía aprovechar con ese espíritu práctico que la caracterizaba
Para vestirse rápidamente sin pérdida de tiempo
Y abandonar mi departamento dejándome con un palmo de narices.

Esta situación se prolongó por más de cinco años.
Por temporadas vivíamos juntos en una pieza redonda
Que pagábamos a medias en un barrio de lujo cerca del cementerio.
(Algunas noches hubimos de interrumpir nuestra luna de miel
Para hacer frente a las ratas que se colaban por la ventana.)

Llevaba la víbora un minucioso libro de cuentas
En el que anotaba hasta el más mínimo centavo que yo le pedía en
préstamo;
No me permitía usar el cepillo de dientes que yo mismo le había
regalado
Y me acusaba de haber arruinado su juventud:
Lanzando llamas por los ojos me emplazaba a comparecer ante el juez
Y pagarle dentro de un plazo prudente parte de la deuda
Pues ella necesitaba ese dinero para continuar sus estudios.
Entonces hube de salir a la calle y vivir de la caridad pública,
Dormir en los bancos de las plazas,
Donde fui encontrado muchas veces moribundo por la policía
Entre las primeras hojas del otoño.
Felizmente aquel estado de cosas no pasó más adelante,
Porque cierta vez en que yo me encontraba en una plaza también
Posando frente a una cámara fotográfica
Unas deliciosas manos femeninas me vendaron de pronto la vista
Mientras una voz amada para mí me preguntaba quién soy yo.
Tú eres mi amor, respondí con serenidad.
¡Ángel mío, dijo ella nerviosamente,
Permite que me siente en tus rodillas una vez más!

Entonces pude percatarme de que ella se presentaba ahora provista
de un pequeño taparrabos.
Fue un encuentro memorable, aunque lleno de notas discordantes:
Me he comprado una parcela, no lejos del matadero, exclamó,
Allí pienso construir una especie de pirámide
En la que podamos pasar los últimos días de nuestra vida.
Ya he terminado mis estudios, me he recibido de abogado,
Dispongo de un buen capital;
Dediquémonos a un negocio productivo, los dos, amor mío, agregó,
Lejos del mundo construyamos nuestro nido.
Basta de sandeces, repliqué, tus planes me inspiran desconfianza,
Piensa que de un momento a otro mi verdadera mujer
Puede dejarnos a todos en la miseria más espantosa.

Mis hijos han crecido ya, el tiempo ha transcurrido,
Me siento profundamente agotado, déjame reposar un instante,
Tráeme un poco de agua, mujer,
Consígueme algo de comer en alguna parte,
Estoy muerto de hambre,
No puedo trabajar más para ti,
Todo ha terminado entre nosotros.

LA TRAMPA

Por aquel tiempo yo rehuía las escenas demasiado misteriosas.
Como los enfermos del estómago que evitan las comidas pesadas,
Prefería quedarme en casa dilucidando algunas cuestiones
Referentes a la reproducción de las arañas,
Con cuyo objeto me recluía en el jardín
Y no aparecía en público hasta avanzadas horas de la noche;
O también en mangas de camisa, en actitud desafiante,
Solía lanzar iracundas miradas a la luna
Procurando evitar esos pensamientos atrabiliarios
Que se pegan como pólipos al alma humana.
En la soledad poseía un dominio absoluto sobre mí mismo,
Iba de un lado a otro con plena conciencia de mis actos
O me tendía entre las tablas de la bodega
A soñar, a idear mecanismos, a resolver pequeños problemas de emergencia.
Aquellos eran los momentos en que ponía en práctica mi célebre método onírico,
Que consiste en violentarse a sí mismo y soñar lo que se desea,
En promover escenas preparadas de antemano con participación del más allá.
De este modo lograba obtener informaciones preciosas
Referentes a una serie de dudas que aquejan al ser:
Viajes al extranjero, confusiones eróticas, complejos religiosos.
Pero todas las precauciones eran pocas
Puesto que por razones difíciles de precisar
Comenzaba a deslizarme automáticamente por una especie de plano inclinado,
Como un globo que se desinfla mi alma perdía altura,
El instinto de conservación dejaba de funcionar
Y privado de mis prejuicios más esenciales
Caía fatalmente en la trampa del teléfono
Que como un abismo atrae a los objetos que lo rodean
Y con manos trémulas marcaba ese número maldito
Que aún suelo repetir automáticamente mientras duermo.
De incertidumbre y de miseria eran aquellos segundos

En que yo, como un esqueleto de pie delante de esa mesa del infierno
Cubierta de una cretona amarilla,
Esperaba una respuesta desde el otro extremo del mundo,
La otra mitad de mi ser prisionera en un hoyo.
Esos ruidos entrecortados del teléfono
Producían en mí el efecto de las máquinas perforadoras de los dentistas,
Se incrustaban en mi alma como agujas lanzadas desde lo alto
Hasta que, llegado el momento preciso,
Comenzaba a transpirar y a tartamudear febrilmente.
Mi lengua parecida a un beefsteak de ternera
Se interponía entre mi ser y mi interlocutora
Como esas cortinas negras que nos separan de los muertos.
Yo no deseaba sostener esas conversaciones demasiado íntimas
Que, sin embargo, yo mismo provocaba en forma torpe
Con mi voz anhelante, cargada de electricidad.
Sentirme llamado por mi nombre de pila
En ese tono de familiaridad forzada
Me producía malestares difusos,
Perturbaciones locales de angustia que yo procuraba conjurar
A través de un método rápido de preguntas y respuestas
Creando en ella un estado de efervescencia pseudoerótico
Que a la postre venía a repercutir en mí mismo
Bajo la forma de incipientes erecciones y de una sensación de fracaso.
Entonces me reía a la fuerza cayendo después en un estado de
    postración mental.
Aquellas charlas absurdas se prolongaban algunas horas
Hasta que la dueña de la pensión aparecía detrás del biombo
Interrumpiendo bruscamente aquel idilio estúpido,
Aquellas contorsiones de postulante al cielo
Y aquellas catástrofes tan deprimentes para mi espíritu
Que no terminaban completamente con colgar el teléfono
Ya que, por lo general, quedábamos comprometidos
A vernos al día siguiente en una fuente de soda
O en la puerta de una iglesia de cuyo nombre no quiero acordarme.

LOS VICIOS DEL MUNDO MODERNO

Los delincuentes modernos
Están autorizados para concurrir diariamente a parques y jardines.
Provistos de poderosos anteojos y de relojes de bolsillo
Entran a saco en los kioscos favorecidos por la muerte
E instalan sus laboratorios entre los rosales en flor.
Desde allí controlan a fotógrafos y mendigos que deambulan por los alrededores
Procurando levantar un pequeño templo a la miseria
Y si se presenta la oportunidad llegan a poseer a un lustrabotas melancólico.
La policía atemorizada huye de estos monstruos
En dirección del centro de la ciudad
En donde estallan los grandes incendios de fines de año
Y un valiente encapuchado pone manos arriba a dos madres de la caridad.

Los vicios del mundo moderno:
El automóvil y el cine sonoro,
Las discriminaciones raciales,
El exterminio de los pieles rojas,
Los trucos de la alta banca,
La catástrofe de los ancianos,
El comercio clandestino de blancas realizado por sodomitas internacionales,
El autobombo y la gula,
Las Pompas Fúnebres,
Los amigos personales de su excelencia,
La exaltación del folklore a categoría del espíritu,
El abuso de los estupefacientes y de la filosofía,
El reblandecimiento de los hombres favorecidos por la fortuna,
El autoerotismo y la crueldad sexual,
La exaltación de lo onírico y del subconsciente en desmedro del sentido común,
La confianza exagerada en sueros y vacunas,
El endiosamiento del falo,

La política internacional de piernas abiertas patrocinada por la prensa reaccionaria,
El afán desmedido de poder y de lucro,
La carrera del oro,
La fatídica danza de los dólares,
La especulación y el aborto,
La destrucción de los ídolos,
El desarrollo excesivo de la dietética y de la psicología pedagógica,
El vicio del baile, del cigarrillo, de los juegos de azar,
Las gotas de sangre que suelen encontrarse entre las sábanas de los recién desposados,
La locura del mar,
La agorafobia y la claustrofobia,
La desintegración del átomo,
El humorismo sangriento de la teoría de la relatividad,
El delirio de retorno al vientre materno,
El culto de lo exótico,
Los accidentes aeronáuticos,
Las incineraciones, las purgas en masa, la retención de los pasaportes,
Todo esto porque sí,
Porque produce vértigo,
La interpretación de los sueños
Y la difusión de la radiomanía.

Como queda demostrado,
El mundo moderno se compone de flores artificiales,
Que se cultivan en unas campanas de vidrio parecidas a la muerte,
Está formado por estrellas de cine,
Y de sangrientos boxeadores que pelean a la luz de la luna,
Se compone de hombres ruiseñores que controlan la vida económica de los países
Mediante algunos mecanismos fáciles de explicar;
Ellos visten generalmente de negro como los precursores del otoño
Y se alimentan de raíces y de hierbas silvestres.
Entretanto los sabios, comidos por las ratas,
Se pudren en los sótanos de las catedrales,
Y las almas nobles son perseguidas implacablemente por la policía.
El mundo moderno es una gran cloaca:
Los restaurantes de lujo están atestados de cadáveres digestivos
Y de pájaros que vuelan peligrosamente a escasa altura.
Esto no es todo: Los hospitales están llenos de impostores,

Sin mencionar a los herederos del espíritu que establecen sus colonias
en el ano de los recién operados.

Los industriales modernos sufren a veces el efecto de la atmósfera
envenenada,
Junto a las máquinas de tejer suelen caer enfermos del espantoso mal
del sueño
Que los transforma a la larga en unas especies de ángeles.
Niegan la existencia del mundo físico
Y se vanaglorian de ser unos pobres hijos del sepulcro.
Sin embargo, el mundo ha sido siempre así.
La verdad, como la belleza, no se crea ni se pierde
Y la poesía reside en las cosas o es simplemente un espejismo del
espíritu.
Reconozco que un terremoto bien concebido
Puede acabar en algunos segundos con una ciudad rica en tradiciones
Y que un minucioso bombardeo aéreo
Derribe árboles, caballos, tronos, música.
Pero qué importa todo esto
Si mientras la bailarina más grande del mundo
Muere pobre y abandonada en una pequeña aldea del sur de Francia
La primavera devuelve al hombre una parte de las flores desaparecidas.

Tratemos de ser felices, recomiendo yo, chupando la miserable costilla
humana.
Extraigamos de ella el líquido renovador,
Cada cual de acuerdo con sus inclinaciones personales.
¡Aferrémonos a esta piltrafa divina!
Jadeantes y tremebundos
Chupemos estos labios que nos enloquecen;
La suerte está echada.
Aspiremos este perfume enervador y destructor
Y vivamos un día más la vida de los elegidos:
De sus axilas extrae el hombre la cera necesaria para forjar el rostro de
sus ídolos.
Y del sexo de la mujer la paja y el barro de sus templos.
Por todo lo cual
Cultivo un piojo en mi corbata
Y sonrío a los imbéciles que bajan de los árboles.

LAS TABLAS

Soñé que me encontraba en un desierto y que hastiado de mí mismo
Comenzaba a golpear a una mujer.
Hacía un frío de los demonios; era necesario hacer algo,
Hacer fuego, hacer un poco de ejercicio;
Pero a mí me dolía la cabeza, me sentía fatigado,
Solo quería dormir, quería morir.
Mi traje estaba empapado de sangre
Y entre mis dedos se veían algunos cabellos
—Los cabellos de mi pobre madre—
«Por qué maltratas a tu madre», me preguntaba entonces una piedra,
Una piedra cubierta de polvo, «por qué la maltratas».
Yo no sabía de dónde venían esas voces que me hacían temblar,
Me miraba las uñas y me las mordía,
Trataba de pensar infructuosamente en algo
Pero solo veía en torno a mí un desierto
Y veía la imagen de ese ídolo,
Mi dios que me miraba hacer estas cosas.
Aparecieron entonces unos pájaros
Y al mismo tiempo en la obscuridad descubrí unas rocas.
En un supremo esfuerzo logré distinguir las tablas de la ley:
«Nosotras somos las tablas de la ley», decían ellas,
«Por qué maltratas a tu madre»
«Ves esos pájaros que se han venido a posar sobre nosotras»
«Ahí están ellos para registrar tus crímenes».
Pero yo bostezaba, me aburría de estas admoniciones.
«Espanten esos pájaros», dije en voz alta.
«No», respondió una piedra.
«Ellos representan tus diferentes pecados»
«Ellos están ahí para mirarte».
Entonces yo me volví de nuevo a mi dama
Y le empecé a dar más firme que antes.
Para mantenerse despierto había que hacer algo,
Estaba en la obligación de actuar
So pena de caer dormido entre aquellas rocas,
Aquellos pájaros.

Saqué entonces una caja de fósforos de uno de mis bolsillos
Y decidí quemar el busto del dios.
Tenía un frío espantoso, necesitaba calentarme
Pero este fuego solo duró algunos segundos.
Desesperado busqué de nuevo las tablas
Pero ellas habían desaparecido:
Las rocas tampoco estaban allí.
Mi madre me había abandonado.
Me toqué la frente; pero no:
Ya no podía más.

SOLILOQUIO DEL INDIVIDUO

Yo soy el Individuo.
Primero viví en una roca
(Allí grabé algunas figuras).
Luego busqué un lugar más apropiado.
Yo soy el Individuo.
Primero tuve que procurarme alimentos,
Buscar peces, pájaros, buscar leña
(Ya me preocuparía de los demás asuntos).
Hacer una fogata,
Leña, leña, dónde encontrar un poco de leña,
Algo de leña para hacer una fogata,
Yo soy el Individuo.
Al mismo tiempo me pregunté,
Fui a un abismo lleno de aire;
Me respondió una voz:
Yo soy el Individuo.
Después traté de cambiarme a otra roca,
Allí también grabé figuras,
Grabé un río, búfalos,
Yo soy el Individuo.
Pero no. Me aburrí de las cosas que hacía,
El fuego me molestaba,
Quería ver más,
Yo soy el Individuo.
Bajé a un valle regado por un río,
Allí encontré lo que necesitaba,
Encontré un pueblo salvaje,
Una tribu,
Yo soy el Individuo.
Vi que allí se hacían algunas cosas,
Figuras grababan en las rocas,
Hacían fuego, ¡también hacían fuego!
Yo soy el Individuo.
Me preguntaron que de dónde venía.
Contesté que sí, que no tenía planes determinados,

Contesté que no, que de ahí en adelante.
Bien.
Tomé entonces un trozo de piedra que encontré en un río
Y empecé a trabajar con ella,
Empecé a pulirla,
De ella hice una parte de mi propia vida.
Pero esto es demasiado largo.
Corté unos árboles para navegar,
Buscaba peces,
Buscaba diferentes cosas
(Yo soy el Individuo).
Hasta que me empecé a aburrir nuevamente.
Las tempestades aburren,
Los truenos, los relámpagos,
Yo soy el Individuo.
Bien. Me puse a pensar un poco,
Preguntas estúpidas se me venían a la cabeza,
Falsos problemas.
Entonces empecé a vagar por unos bosques.
Llegué a un árbol y a otro árbol,
Llegué a una fuente,
A una fosa en que se veían algunas ratas:
Aquí vengo yo, dije entonces,
¿Habéis visto por aquí una tribu,
Un pueblo salvaje que hace fuego?
De este modo me desplacé hacia el oeste
Acompañado por otros seres,
O más bien solo.
Para ver hay que creer, me decían,
Yo soy el Individuo.
Formas veía en la obscuridad,
Nubes tal vez,
Tal vez veía nubes, veía relámpagos,
A todo esto habían pasado ya varios días,
Yo me sentía morir;
Inventé unas máquinas,
Construí relojes,
Armas, vehículos,
Yo soy el Individuo.
Apenas tenía tiempo para enterrar a mis muertos,
Apenas tenía tiempo para sembrar,

Yo soy el Individuo.
Años más tarde concebí unas cosas,
Unas formas,
Crucé las fronteras
Y permanecí fijo en una especie de nicho,
En una barca que navegó cuarenta días,
Cuarenta noches,
Yo soy el Individuo.
Luego vinieron unas sequías,
Vinieron unas guerras,
Tipos de color entraron al valle,
Pero yo debía seguir adelante,
Debía producir.
Produje ciencia, verdades inmutables,
Produje tanagras,
Di a luz libros de miles de páginas,
Se me hinchó la cara,
Construí un fonógrafo,
La máquina de coser,
Empezaron a aparecer los primeros automóviles,
Yo soy el Individuo.
Alguien segregaba planetas,
¡Árboles segregaba!
Pero yo segregaba herramientas,
Muebles, útiles de escritorio,
Yo soy el Individuo.
Se construyeron también ciudades,
Rutas,
Instituciones religiosas pasaron de moda,
Buscaban dicha, buscaban felicidad,
Yo soy el Individuo.
Después me dediqué mejor a viajar,
A practicar, a practicar idiomas,
Idiomas,
Yo soy el Individuo.
Miré por una cerradura,
Sí, miré, qué digo, miré,
Para salir de la duda miré,
Detrás de unas cortinas,
Yo soy el Individuo.
Bien.

Mejor es tal vez que vuelva a ese valle,
A esa roca que me sirvió de hogar,
Y empiece a grabar de nuevo,
De atrás para adelante grabar
El mundo al revés.
Pero no: la vida no tiene sentido.

LA CUECA LARGA

1958

COPLAS DEL VINO

Nervioso, pero sin duelo
A toda la concurrencia
Por la mala voz suplico
Perdón y condescendencia.

Con mi cara de ataúd
Y mis mariposas viejas
Yo también me hago presente
En esta solemne fiesta.

¿Hay algo, pregunto yo
Más noble que una botella
De vino bien conversado
Entre dos almas gemelas?

El vino tiene un poder
Que admira y que desconcierta
Transmuta la nieve en fuego
Y al fuego lo vuelve piedra.

El vino es todo, es el mar
Las botas de veinte leguas
La alfombra mágica, el sol
El loro de siete lenguas.

Algunos toman por sed
Otros por olvidar deudas
Y yo por ver lagartijas
Y sapos en las estrellas.

El hombre que no se bebe
Su copa sanguinolenta
No puede ser, creo yo
Cristiano de buena cepa.

El vino puede tomarse
En lata, cristal o greda
Pero es mejor en copihue
En fucsia o en azucena.

El pobre toma su trago
Para compensar las deudas
Que no se pueden pagar
Con lágrimas ni con huelgas.

Si me dieran a elegir
Entre diamantes y perlas
Yo elegiría un racimo
De uvas blancas y negras.

El ciego con una copa
Ve chispas y ve centellas
Y el cojo de nacimiento
Se pone a bailar la cueca.

El vino cuando se bebe
Con inspiración sincera
Solo puede compararse
Al beso de una doncella.

Por todo lo cual levanto
Mi copa al sol de la noche
Y bebo el vino sagrado
Que hermana los corazones.

EL CHUICO Y LA DAMAJUANA

El Chuico y la Damajuana
Después de muchos percances
Para acabar con los chismes
Han decidido casarse.

Subieron a una carreta
Tirada por bueyes verdes
Uno se llamaba ¡Chicha!
Y el compañero ¡Aguardiente!

Como era pleno invierno
Y había llovido tanto
Tuvieron que atravesar
Un río de vino blanco.

Tan bien se sentía el Chuico
Juntito a su Damajuana
Que el sauce llorón reía
Y el cactus acariciaba.

En la puerta de la iglesia
Hallaron al señor cura
Que estaba rezando un credo
Con un rosario de uvas.

Como no invitaron más
Que gente de la familia
El padrino fue un barril
Y la madrina una pipa.

Cuando volvieron del pueblo
Salieron a recibirlos
Un odre de vino blanco
Y un fudre de vino tinto.

Todo estaba preparado
Y para empezar la gresca
Un vaso salió a bailar
Un vals con una botella.

La fiesta fue tan movida
Y tuvo tal duración
Que según cuenta un embudo
Duró hasta que se acabó.

BRINDIS

a lo humano y a lo divino

Brindo, dijo un lenguaraz
Por moros y por cristianos
Yo brindo por lo que venga
La cosa es brindar por algo.
Yo soy así, soy chileno
Me gusta pelar el ajo
Soy barretero en el norte
En el sur me llaman huaso
Firme le doy la semana
No como si no trabajo;
De lunes a viernes sudo
Pero cuando llega el sábado
No negaré que con ganas
Me planto mis buenos tragos
Con el favor de mi Dios
¡Por algo me llamo Pancho!
En la variedá está el gusto
Donde me canso me paro
Todo me podrán quitar
Pero la chupeta ¡cuándo!
Cuando a la perdiz le salga
Cola, cuando vuele el chancho.
Qué bueno es, pienso yo
Brindar entre plato y plato
Y ver que esta vida ingrata
Se nos va entre trago y trago.
A ver, señora, destape
Un chuico del reservado
Que todavía nos queda
Voz para seguir brindando.
Yo quiero brindar por todo
—Ya me arranqué con los tarros—
Brindo por lo celestial
Y brindo por lo profano

Brindo por las siete heridas
De Cristo crucificado
Brindo por los dos maderos
Y brindo por los tres clavos.
¡Cómo no voy a brindar
Por griegos y por romanos
Por turcos y por judíos
Por indios y castellanos
Si antes de que salga el sol
Tenimos que darle el bajo
A toda la longaniza!
¡Le dijo el pequén al sapo!
Aquí no se enoja naiden
¡Vamos empinando el cacho!
Mañana será otro día
¿Nocierto compaire Juancho?
¡Ya pus compaire Manuel!
¡Al seco! ¡Qué está esperando!
¿Ha visto una mala cara
O se le espantó el caballo?
A mí no me viene usté
Con pingos alborotaos
¿No ve que soy de Chillán?
—Trompiezo..., pero no caigo—

Hay que aprovechar las últimas
Botellas que van quedando
Dijo y se rió el bribón
Que el día menos pensado
A una vuelta del cerro
La flaca nos echa el lazo.

LA CUECA LARGA

Voy a cantarme una cueca
Más larga que sentimiento
Para que mi negra vea
Que a mí no me cuentan cuentos.

Los bailarines dicen
Por armar boche
Que si les cantan, bailan
Toda la noche.

Toda la noche, sí
Flor de zapallo
En la cancha es adonde
Se ven los gallos.

Cantan los gallos, sí
Vamos en uno
Esta es la cueca larga
De San Beniuno.

No hay mujer que no tenga
Dice mi abuelo
Un lunar en la tierra
Y otro en el cielo.

Otro en el cielo, mi alma
Por un vistazo
Me pegara dos tiros
Y tres balazos.

Me desarmara entero
Vamos en cuatro
Hacen cuarenta días
Que no me encacho.

Que no me encacho, cinco
Seis, siete, ocho
Tápate las canillas
Con un gangocho.

Con un gangocho, sí
Vamos en nueve
Relampaguea y truena
Pero no llueve.

Pero no llueve, no
Dos veces cinco
Entre Cucao y Chonchi
Queda Huillinco.

Qué te parece, negra
Vamos en once
Si te venís conmigo…
¡Catre de bronce!

Catre de bronce, mi alma
Si fuera cierto
Me cortara las venas
Me caigo muerto.

Muerto me caigo, doce
Y una son trece
Esta es la cueca larga
De los Meneses.

De los Meneses, sí
Catorce, quince
Esos ñatos que bailan
Son unos linces.

Son unos linces, mi alma
Mueven los brazos
Y a la mejor potranca
L'echan el lazo.

L'echan el lazo, sí
Dieciséis días

Se demoran los patos
En sacar cría.

En sacar cría, ay sí
Por un cadete
Se suicidó una niña
De diecisiete.

De diecisiete, bueno
Yo no me enojo
La libertad es libre
¡Viva el dieciocho!

Cae el agua y no cae
Llueve y no llueve
Esta es la cueca larga
Del diecinueve.

Zapateadito

Esa dama que baila
Se me figura
Que le pasaron lija
Por la cintura.

Por la cintura, ay sí
Noche de luna
Quién será ese pelao
Cabecetuna.

Yo no soy de Santiago
Soy de Loncoche
Donde la noche es día
Y el día es noche.

Yo trabajo en la casa
De doña Aurora
Donde cobran quinientos
Pesos por hora.

Pesos por hora, ay sí
¿No será mucho?
Donde los sinforosos
Bailan piluchos.

Piluchos bailan, sí
Pescado frito
En materia de gusto
No hay nada escrito.

Nada hay escrito, Talca
París y Londres
Donde la luna sale
Y el sol se esconde.

En la calle San Pablo
Pica la cosa
Andan como sardinas
Las mariposas.

Tienen unas sandías
Y unos melones
Con que cautivan todos
Los corazones.

La Rosita Martínez
Números nones
Se sacó los botines
Quedó en calzones.

Y la Gloria Astudillo
Por no ser menos
Se sacó los fundillos
Y el sostén-senos.

El sostén-senos, sí
Domingo Pérez
Como las lagartijas
Son las mujeres.

Son las mujeres, sí
Pérez Domingo
Lávate los sobacos
Con jabón gringo.

Una vieja sin dientes
Se vino abajo
Y se le vio hasta el fondo
De los refajos.

Y otra vieja le dijo
Manzanas-peras
Bueno está que te pase
Por guachuchera.

Por guachuchera, sí
Rotos con suerte
Bailen la cueca larga
Hasta la muerte.

Zapateado y escobillado

Yo no soy de Coihueco
Soy de Niblinto
Donde los huasos mascan
El vino tinto.

Yo nací en Portezuelo
Me crié en Ñanco
Donde los pacos nadan
En vino blanco.

Y moriré en las vegas
De San Vicente
Donde los frailes flotan
En aguardiente.

En aguardiente puro
Chicha con agua
Por un viejo que muere
Nacen dos guaguas.

Nacen las guaguas, sí
Chicha con borra
No hay mujer que no tenga
Quien la socorra.

Al pasar por el puente
De San Mauricio
Casi me voy al fondo
Del precipicio.

Y al pasar por el puente
De San Mateo
Me pegué un costalazo
Me... puse feo.

A la tripa-pollo

En la punta de un cerro
De mil pendientes
Dos bailarines daban
Diente con diente.

Diente con diente, sí
Papas con luche
Dos pajarillos daban
Buche con buche.

Buche con buche, sí
Abrazo y beso
Dos esqueletos daban
Hueso con hueso.

Hueso con hueso, ya pus
Pancho Francisco
No te estís figurando
Que soy del fisco.

Que soy del fisco, sí
Los ruiseñores
No se cansarán nunca
De chupar flores.

Estornudo no es risa
Risa no es llanto
El perejil es bueno
Pero no tanto.

Anda, risa con llanto
Se acabó el canto.

DE *VERSOS DE SALÓN*

1962

LA MONTAÑA RUSA

Durante medio siglo
La poesía fue
El paraíso del tonto solemne.
Hasta que vine yo
Y me instalé con mi montaña rusa.

Suban, si les parece.
Claro que yo no respondo si bajan
Echando sangre por boca y narices.

VIVA LA CORDILLERA DE LOS ANDES

Tengo unas ganas locas de gritar
Viva la Cordillera de los Andes
Muera la Cordillera de la Costa.

La razón ni siquiera la sospecho
Pero no puedo más:
¡Viva la Cordillera de los Andes!
¡Muera la Cordillera de la Costa!

Hace cuarenta años
Que quería romper el horizonte
Ir más allá de mis propias narices
Pero no me atrevía.
Ahora no, señores
Se terminaron las contemplaciones:
¡Viva la Cordillera de los Andes!
¡Muera la Cordillera de la Costa!

¿Oyeron lo que dije?
¡Se terminaron las contemplaciones!
¡Viva la Cordillera de los Andes!
¡Muera la Cordillera de la Costa!

Claro que no respondo
Si se me cortan las cuerdas vocales
(En un caso como este
Es bastante probable que se corten)
Bueno, si se me cortan
Quiere decir que no tengo remedio
Que se perdió la última esperanza.

Yo soy un mercader
Indiferente a las puestas de sol
Un profesor de pantalones verdes
Que se deshace en gotas de rocío

Un pequeño burgués es lo que soy
¡Qué me importan a mí los arreboles!
Sin embargo me subo a los balcones
Para gritar a todo lo que doy
¡Viva la Cordillera de los Andes!
¡¡Muera la Cordillera de la Costa!!

Perdonadme si pierdo la razón
En el jardín de la naturaleza
Pero debo gritar hasta morir
¡¡Viva la Cordillera de los Andes!!
¡¡¡Muera la Cordillera de la Costa!!!

ADVERTENCIA

Yo no permito que nadie me diga
Que no comprende los antipoemas
Todos deben reír a carcajadas.

Para eso me rompo la cabeza
Para llegar al alma del lector.

Déjense de preguntas.
En el lecho de muerte
Cada uno se rasca con sus uñas.

Además una cosa:
Yo no tengo ningún inconveniente
En meterme en camisa de once varas.

EN EL CEMENTERIO

Un anciano de barbas respetables
Se desmaya delante de una tumba.
En la caída se rompe una ceja.
Observadores tratan de ayudarlo:
Uno le toma el pulso
Otro le echa viento con un diario.

Otro dato que puede interesar:
Una mujer lo besa en la mejilla.

EL GALÁN IMPERFECTO

Una pareja de recién casados
Se detiene delante de una tumba.
Ella viste de blanco riguroso.

Para ver sin ser visto
Yo me escondo detrás de una columna.

Mientras la novia triste
Desmaleza la tumba de su padre
El galán imperfecto
Se dedica a leer una revista.

PIDO QUE SE LEVANTE LA SESIÓN

Señoras y señores:
Yo voy a hacer una sola pregunta:
¿Somos hijos del sol o de la tierra?
Porque si somos tierra solamente
No veo para qué
Continuamos filmando la película:
Pido que se levante la sesión.

MOAIS

No se sabe muy bien si son espíritus
O si son monumentos funerarios
Los más pequeños tienen cuatro metros
Los más grandes alcanzan la docena
Estos últimos vense recostados.

No se sabe muy bien si son de piedra
Esas enormes ráfagas de piedra
Esos antepasados respetables.
Desde lejos parecen de cartón.
El carbono catorce lo dirá.

Ojalá que jamás se determine
Lo que son esas rocas misteriosas.

MOMIAS

Una momia camina por la nieve
Otra momia camina por el hielo
Otra momia camina por la arena.

Una momia camina por el prado
Una segunda momia la acompaña.

Una momia conversa por teléfono
Otra momia se mira en un espejo
Una momia dispara su revólver.

Todas las momias cambian de lugar
Casi todas las momias se retiran.

Varias momias se sientan a la mesa
Unas momias ofrecen cigarrillos
Una momia parece que bailara.

Una momia más vieja que las otras
Da de mamar a su niño de pecho.

VIAJE POR EL INFIERNO

En una silla de montar
Hice un viaje por el infierno.

En el primer círculo vi
Unas figuras recostadas
Contra unos sacos de trigo.

En el segundo círculo andaban
Unos hombres en bicicleta
Sin saber dónde detenerse
Pues las llamas se lo impedían.

En el tercer círculo vi
Una sola figura humana
Que parecía hermafrodita.

Esa figura sarmentosa
Daba de comer a unos cuervos.

Seguí trotando y galopando
Por espacio de varias horas
Hasta que llegué a una cabaña
En el interior de un bosque
Donde vivía una bruja.

Un perro me quiso morder.

En el círculo número cuatro
Vi un anciano de luengas barbas
Calvo como una sandía
Que construía un pequeño barco
En el interior de una botella.

Me dio una mirada afable.

En el círculo número cinco
Vi unos jóvenes estudiantes
Jugando fútbol araucano
Con una pelota de trapo.
Hacía un frío salvaje.
Tuve que pasar la noche
En vela en un cementerio
Arrimado contra una tumba
Para no morirme de frío.

Al otro día continué
Mi viaje por unos cerros
Y vi por primera vez
Los esqueletos de los árboles
Incendiados por los turistas.

Solo quedaban dos círculos.

En uno me vi yo mismo
Sentado a una mesa negra
Comiendo carne de pájaro:
Mi única compañía
Era una estufa a parafina.

En el círculo número siete
No vi absolutamente nada
Solo oí ruidos extraños
Escuché unas risas espantosas
Y unos suspiros profundos
Que me perforaban el alma.

HOMBRE AL AGUA

Ya no estoy en mi casa
Ando en Valparaíso.

Hace tiempo que estaba
Escribiendo poemas espantosos
Y preparando clases espantosas.
Terminó la comedia:
Dentro de unos minutos
Parto para Chillán en bicicleta.

No me quedo ni un día más aquí
Solo estoy esperando
Que se me sequen un poco las plumas.

Si preguntan por mí
Digan que ando en el sur
Y que no vuelvo hasta el próximo mes.

Digan que estoy enfermo de viruela.

Atiendan el teléfono
¿Que no oyen el ruido del teléfono?
¡Ese ruido maldito del teléfono
Va a terminar volviéndome loco!

Si preguntan por mí
Pueden decir que me llevaron preso
Digan que fui a Chillán
A visitar la tumba de mi padre.

Yo no trabajo ni un minuto más
Basta con lo que he hecho
¿Que no basta con todo lo que he hecho?
¡Hasta cuándo demonios
Quieren que siga haciendo el ridículo!

Juro no escribir nunca más un verso
Juro no resolver más ecuaciones
Se terminó la cosa para siempre.

¡A Chillán los boletos!
¡A recorrer los lugares sagrados!

FUENTES DE SODA

Aprovecho la hora del almuerzo
Para hacer un examen de conciencia
¿Cuántos brazos me quedan por abrir?
¿Cuántos pétalos negros por cerrar?
¡A lo mejor soy un sobreviviente!

El receptor de radio me recuerda
Mis deberes, las clases, los poemas
Con una voz que parece venir
Desde lo más profundo del sepulcro.

El corazón no sabe qué pensar.

Hago como que miro los espejos
Un cliente estornuda a su mujer
Otro enciende un cigarro
Otro lee *Las Últimas Noticias*.

¡Qué podemos hacer, árbol sin hojas
Fuera de dar la última mirada
En dirección del paraíso perdido!

Responde, sol oscuro
Ilumina un instante
Aunque después te apagues para siempre.

MUJERES

La mujer imposible,
La mujer de dos metros de estatura,
La señora de mármol de Carrara
Que no fuma ni bebe,
La mujer que no quiere desnudarse
Por temor a quedar embarazada,
La vestal intocable
Que no quiere ser madre de familia,
La mujer que respira por la boca,
La mujer que camina
Virgen hacia la cámara nupcial
Pero que reacciona como hombre,
La que se desnudó por simpatía
(Porque le encanta la música clásica)
La pelirroja que se fue de bruces,
La que solo se entrega por amor,
La doncella que mira con un ojo,
La que solo se deja poseer
En el diván, al borde del abismo,
La que odia los órganos sexuales,
La que se une sólo con su perro,
La mujer que se hace la dormida
(El marido la alumbra con un fósforo),
La mujer que se entrega porque sí,
Porque la soledad, porque el olvido…
La que llegó doncella a la vejez,
La profesora miope,
La secretaria de gafas oscuras,
La señorita pálida de lentes
(Ella no quiere nada con el falo),
Todas estas walkirias,
Todas estas matronas respetables
Con sus labios mayores y menores
Terminarán sacándome de quicio.

CONVERSACIÓN GALANTE

—Hace una hora que estamos aquí
Pero siempre contestas con lo mismo;
Quieres volverme loca con tus chistes
Pero tus chistes me los sé de memoria.
¿No te gusta la boca ni los ojos?
—Claro que sí que me gustan los ojos.
—¿Pero por qué no los besas, entonces?
—Claro que sí que los voy a besar.
—¿No te gustan los senos ni los muslos?
—¡Cómo no van a gustarme los senos!
—Pero entonces, ¿por qué no reaccionas?
Tócalos, aprovecha la ocasión.
—No me gusta tocarlos a la fuerza.
—¿Y para qué me hiciste desnudarme?
—Yo no te dije que te desnudaras.
Fuiste tú misma quien se desnudó:
Vístase, antes que llegue su marido.
En vez de discutir
Vístase, antes que llegue su marido.

COMPOSICIONES

I

Cuidado, todos mentimos
Pero yo digo verdad.

La matemática aburre
Pero nos da de comer.

En cambio la poesía
Se escribe para vivir.

A nadie le gusta hacerse
Cargo de los vidrios rotos.

Se escribe contra uno mismo
Por culpa de los demás.

¡Qué inmundo es escribir versos!

El día menos pensado
Me voy a pegar un tiro.

II

Todo me parece mal
El sol me parece mal
El mar me parece pésimo.

Los hombres están de más
Las nubes están de más
Basta con el arcoíris.

Mis dientes están cariados
Ideas preconcebidas
Espíritu inexistente.

El sol de los afligidos
Un árbol lleno de micos
Desorden de los sentidos.

Imágenes inconexas.

Solo podemos vivir
De pensamientos prestados.
El arte me degenera
La ciencia me degenera
El sexo me degenera.

Convénzanse que no hay dios.

LA POESÍA TERMINÓ CONMIGO

Yo no digo que ponga fin a nada
No me hago ilusiones al respecto
Yo quería seguir poetizando
Pero se terminó la inspiración.
La poesía se ha portado bien
Yo me he portado horriblemente mal.

Qué gano con decir
Yo me he portado bien
La poesía se ha portado mal
Cuando saben que yo soy el culpable.
¡Está bien que me pase por imbécil!

La poesía se ha portado bien
Yo me he portado horriblemente mal
La poesía terminó conmigo.

TRES POESÍAS

1

Ya no me queda nada por decir
Todo lo que tenía que decir
Ha sido dicho no sé cuántas veces.

2

He preguntado no sé cuántas veces
Pero nadie contesta mis preguntas.
Es absolutamente necesario
Que el abismo responda de una vez
Porque ya va quedando poco tiempo.

3

Solo una cosa es clara:
Que la carne se llena de gusanos.

MARIPOSA

En el jardín que parece un abismo
La mariposa llama la atención:
Interesa su vuelo recortado
Sus colores brillantes
Y los círculos negros que decoran las puntas de las alas.

Interesa la forma del abdomen.
Cuando gira en el aire
Iluminada por un rayo verde
Como cuando descansa del efecto
Que le producen el rocío y el polen
Adherida al anverso de la flor
No la pierdo de vista
Y si desaparece
Más allá de la reja del jardín
Porque el jardín es chico
O por exceso de velocidad
La sigo mentalmente
Por algunos segundos
Hasta que recupero la razón.

SE ME OCURREN IDEAS LUMINOSAS

En un banco del Parque Forestal
Casi me vuelve loco una mujer.
¡Esa sí que fue noche de Walpurgis!

Empezamos tratándonos de usted.
Yo no tenía mucho que decir
Ella cambia de tema a cada rato.

Hace clases de piano a domicilio
Ella misma costea sus estudios
Enemiga mortal del cigarrillo
Sigue taquigrafía por correo
Piensa matricularse en Obstetricia
El hinojo la hace estornudar
Sueña que se le extirpan las amígdalas
El color amarillo la subleva
Piensa pasar el dieciocho en Linares
Hace un mes se operó de apendicitis.

Una vez se cayó de un eucalipto.

Como si todo esto fuera poco
Dice que su cuñado la persigue:
Noches atrás se le metió a la pieza.
Yo le recito un soneto de Shakespeare.

La verdad es que apenas la soporto.
Me da rabia tener que simular.
Se me ocurren ideas luminosas.

Yo también digo cosas por decir.
Cada cual teoriza por su lado:
¿Nos metemos un rato en un hotel?
—Dice que hay que esperar una semana.

Voy a dejarla en taxi a la pensión.
Me promete llamarme por teléfono.

EL PEQUEÑO BURGUÉS

El que quiera llegar al paraíso
Del pequeño burgués tiene que andar
El camino del arte por el arte
Y tragar cantidades de saliva:
El noviciado es casi interminable.

Lista de lo que tiene que saber:
Anudarse con arte la corbata
Deslizar la tarjeta de visita
Sacudirse por lujo los zapatos
Consultar el espejo veneciano
Estudiarse de frente y de perfil
Ingerir una dosis de cognac
Distinguir una viola de un violín
Recibir en pijama a las visitas
Impedir la caída del cabello
Y tragar cantidades de saliva.

Todo tiene que estar en sus archivos.
Si su mujer se entusiasma con otro
Le recomiendo los siguientes trucos:
Afeitarse con hojas de afeitar
Admirar las bellezas naturales
Hacer crujir un trozo de papel
Sostener una charla por teléfono
Disparar con un rifle de salón
Arreglarse las uñas con los dientes
Y tragar cantidades de saliva.

Si desea brillar en los salones
El pequeño burgués
Debe saber andar en cuatro pies
Estornudar y sonreír a un tiempo
Bailar un vals al borde del abismo
Endiosar a los órganos sexuales

Desnudarse delante del espejo
Deshojar una rosa con un lápiz
Y tragar toneladas de saliva.

A todo esto cabe preguntarse
¿Fue Jesucristo un pequeño burgués?

Como se ve, para poder llegar
Al paraíso del pequeño burgués
Hay que ser un acróbata completo:
Para poder llegar al paraíso
Hay que ser un acróbata completo.

¡Con razón el artista verdadero
Se entretiene matando matapiojos!

Para salir del círculo vicioso
Recomiendan el acto gratuito:

Aparecer y desaparecer
Caminar en estado cataléptico
Bailar un vals en un montón de escombros
Acunar un anciano entre los brazos
Sin despegar la vista de su vista
Preguntarle la hora al moribundo
Escupir en el hueco de la mano
Presentarse de frac en los incendios
Arremeter con el cortejo fúnebre
Ir más allá del sexo femenino
Levantar esa losa funeraria
Ver si cultivan árboles adentro
Y atravesar de una vereda a otra
Sin referencias ni al porqué ni al cuándo
Por la sola virtud de la palabra
Con su bigote de galán de cine
A la velocidad del pensamiento.

FIESTA DE AMANECIDA

Trasnochar es un pésimo negocio
Pero yo me tenía que lanzar.

El galán no tenía qué ponerse
Ella apenas tenía qué sacarse
Pero fueron las bodas más sonadas
En cuarenta kilómetros cuadrados.

Un señor de bigotes preguntó
¿Qué se persigue con el matrimonio?
¿La miseria moral del desposado?

Fueron las bodas más fenomenales:
El chacolí corría como sangre
Los pasteles volaban por el aire
Como por arte de birlibirloque
Para no decir nada de la luna
Cuya calva brillaba como un sol.

El chacolí corría para el norte
Los pasteles volaban para el sur
Sin enseñar la espalda al enemigo.
¡Todos nos comportamos como héroes!

Un invitado se cayó de bruces
Por bailar una polka militar
Se quebró la columna vertebral.
Otro casi naufraga en la pileta
(En el jardín había una pileta).

Los menores de edad, por no ser menos,
Se ponían de frente y de perfil:
¡Parecían platillos voladores!
Un barrabás rompió una calabaza
Otro se apretó un dedo en una puerta
¡A varias cuadras se oían los gritos!

En el momento de apagar las luces
No se sabía quién era la novia
Todas eran esclavas del amor:
No solo había leña que cortar
Sino también madera que pulir.

¡Las parejas rodaban por el piso!

Yo le tiré los tejos a la suegra
Pero ella me hizo el abanico.

Todos nos divertimos por parejo.
Claro que los vecinos reclamaron:
Una anciana pedía a voz en cuello
Que pusieran la radio más despacio.
Yo no sé cuántas veces repitió
Que eran más de las tres de la mañana
Que por favor, que hasta cuándo demonios
Íbamos a seguir con el escándalo.

Era para morirse de la risa:
Unos se deshacían en elogios,
Otros nos desafiaban a pelear.

Cuando el carabinero de la esquina
Hizo su aparición en el salón
Con los ojos afuera de las órbitas
Todos los invitados bostezaban.
Mi cabeza giraba en el espacio
A cuatrocientas vueltas por segundo.

¡Fuimos a dar a la comisaría!

Mientras nos anotaban en un libro
Yo miraba un letrero que decía
Se prohíbe escupir en las baldosas.

Resultado, que todo se arregló
Sin la menor molestia para nadie.

VIDA DE PERROS

El profesor y su vida de perros.
La frustración en diferentes planos.
La sensación de molestia a los dientes
Que produce el sonido de la tiza.

El profesor y la mujer exacta.
El profesor y la mujer precisa.
¡Dónde encontrar a la mujer precisa!
Una mujer que sea lo que es
Una mujer que no parezca hombre.

El dolor oscurece la visual
Las arrugas que van apareciendo.
La vejez de los propios estudiantes
Las repetidas faltas de respeto.
La manera de andar por los pasillos

El insulto se puede resistir
Pero no la sonrisa artificial
El comentario que produce náuseas.

El liceo es el templo del saber.
El director del establecimiento
Con su bigote de galán de cine.

La desnudez de la señora esposa
(La mirada tropieza con un búho
Con un cabello demasiado liso).

La supresión del beso en la mejilla
(Más difícil parar que comenzar)
El hogar es un campo de batalla.

La mujer se defiende con las piernas.

Los problemas sexuales de los viejos
Aparecer en una antología
Provocar el espasmo artificial.

El profesor ya no tiene remedio:
El profesor observa las hormigas.

SE ME PEGÓ LA LENGUA AL PALADAR

Se me pegó la lengua al paladar
Tengo una sed ardiente de expresión
Pero no puedo construir una frase.

Ya se cumplió la maldición de mi suegra:
Se me pegó la lengua al paladar.

¿Qué estará sucediendo en el infierno
Que se me ponen rojas las orejas?

Tengo un dolor que no me deja hablar
Puedo decir palabras aisladas:
Árbol, árabe, sombra, tinta china
Pero no puedo construir una frase.

Apenas puedo mantenerme en pie
Estoy hecho un cadáver ambulante
No soporto ni el agua de la llave.

Se me pegó la lengua al paladar
No soporto ni el aire del jardín.

Algo debe pasar en el infierno
Porque me están ardiendo las orejas
¡Me está saliendo sangre de narices!

¿Saben lo que me pasa con mi novia?
La sorprendí besándose con otro
Tuve que darle su buena paliza
De lo contrario el tipo la desflora.

Pero ahora me quiero divertir
Empezad a cavar mi sepultura
Quiero bailar hasta caerme muerto
¡Pero que no me tilden de borracho!

Veo perfectamente dónde piso
¿Ven cómo puedo hacer lo que me place?
Puedo sentarme con la pierna encima
Puedo tocar un pito imaginario
Puedo bailar un vals imaginario
Puedo tomarme un trago imaginario
Puedo pegarme un tiro imaginario.

Hoy estoy, además, de cumpleaños
Pongan todas las sillas a la mesa
Voy a bailar un vals con una silla
Se me pegó la lengua al paladar.

Yo me gano la vida como puedo
Pongan todas las sillas a la mesa
Yo no mezquino nada a los amigos
Todo lo pongo a su disposición
—Pueden hacer lo que mejor les plazca—

Mesa a disposición de los amigos
Trago a disposición de los amigos
Novia a disposición de los amigos
Todo a disposición de los amigos.

¡Pero que no me vengan con abusos!

¿Que el alcohol me hace delirar?
¡La soledad me hace delirar!
¡La injusticia me hace delirar!
¡El delirio me hace delirar!

¿Saben lo que me dijo un capuchino?
¡No comas nunca dulce de pepino!
¿Saben lo que me dijo un franciscano?
¡No te limpies el traste con la mano!

Se me pegó la lengua al paladar.

SOLO PARA MAYORES DE CIEN AÑOS

Solo para mayores de cien años
Me doy el lujo de estirar los brazos
Bajo una lluvia de palomas negras.

¡Pero no por razones personales!

Para que mi camisa me perdone
Faltan unas cuarenta primaveras
Por la falta absoluta de mujer.

Yo no quiero decir obscenidades
Las groserías clásicas chilenas
Si la luna me encuentra la razón
Eternidad en ambas direcciones.

Por la falta absoluta de mujer.

¡O perdonan las faltas de respeto
O me trago la sangre de narices!

Hago volar las reliquias al sol
Estornudo con gran admiración
Hago la reverencia con dolor
Esa misma que hice en Inglaterra
Un ataúd que vomitaba fuego.

Yo doy diente con diente en las esquinas
Qué sería de mí sin ese árbol
A disfrutar del espasmo sexual.

Disimulo mis llagas a granel
Yo me río de todas mis astucias
Porque soy un ateo timorato.

Yo me paso de listo por el cielo
Solo quiero gozar un Viernes Santo
Para viajar en nube por el aire
En dirección del Santo Sepulcro.

Solo para mayores de cien años
Pero yo no me doy por aludido
Porque tarde o temprano
Tiene que aparecer
Un sacerdote que lo explique todo.

LO QUE EL DIFUNTO DIJO DE SÍ MISMO

Aprovecho con gran satisfacción
Esta oportunidad maravillosa
Que me brinda la ciencia de la muerte
Para decir algunas claridades
Sobre mis aventuras en la tierra.
Más adelante, cuando tenga tiempo
Hablaré de la vida de ultratumba.

Quiero reírme un poco
Como lo hice cuando estaba vivo:
El saber y la risa se confunden.

Cuando nací mi madre preguntó
Qué voy a hacer con este renacuajo
Me dediqué a llenar sacos de harina
Me dediqué a romper unos cristales
Me escondía detrás de los rosales.

Comencé como suche de oficina
Pero los documentos comerciales
Me ponían la carne de gallina.

Mi peor enemigo fue el teléfono.

Tuve dos o tres hijos naturales.

Un tinterillo de los mil demonios
Se enfureció conmigo por el «crimen
De abandonar a la primera esposa».
Me preguntó «por qué la abandonaste»
Respondí con un golpe en el pupitre:
«Esa mujer se abandonó a sí misma».

Estuve a punto de volverme loco.

¿Mis relaciones con la religión?
Atravesé la cordillera a pie
Disfrazado de fraile capuchino
Transformando ratones en palomas.

Ya no recuerdo cómo ni por qué
«Abracé la carrera de las letras».

Intenté deslumbrar a mis lectores
A través del sentido del humor
Pero causé una pésima impresión.

Se me tildó de enfermo de los nervios.
Claro, me condenaron a galeras
Por meter la nariz en el abismo.

¡Me defendí como gato de espaldas!

Escribí en araucano y en latín
Los demás escribían en francés
Versos que hacían dar diente con diente.

En esos versos extraordinarios
Me burlaba del sol y de la luna
Me burlaba del mar y de las rocas
Pero lo más estúpido de todo
Era que me burlaba de la muerte[1]
¿Puerilidad tal vez? – ¡Falta de tacto!
Pero yo me burlaba de la muerte.[2]

Mi inclinación por las ciencias ocultas
Hízome acreedor al sambenito
De charlatán del siglo dieciocho
Pero yo estoy seguro
Que se puede leer el porvenir
En el humo, las nubes o las flores.
Además profanaba los altares.

1. Los mortales se creen inmortales.
2. Todo me parecía divertido.

Hasta que me pillaron infraganti.
Moraleja, cuidado con el clero.

Me desplacé por parques y jardines
Como una especie de nuevo Quijote
Pero no me batí con los molinos
¡Nunca me disgusté con las ovejas!

¿Se entenderá lo que quiero decir?

Fui conocido en toda la comarca
Por mis extravagancias infantiles
Yo que era un anciano respetable.

Me detenía a hablar con los mendigos
Pero no por motivos religiosos
¡Solo por abusar de la paciencia!

Para no molestarme con el público
Simulaba tener ideas claras
Me expresaba con gran autoridad
Pero la situación era difícil
Confundía a Platón con Aristóteles.

Desesperado, loco de remate
Ideé la mujer artificial.

Pero no fui payaso de verdad
Porque de pronto me ponía serio[3]
¡Me sumergía en un abismo oscuro!

Encendía la luz a medianoche
Presa de los más negros pensamientos
Que parecían órbitas sin ojos.
No me atrevía ni a mover un dedo
Por temor a irritar a los espíritus.
Me quedaba mirando la ampolleta.

3. Querubín o demonio derrotado.

Se podría filmar una película
Sobre mis aventuras en la tierra
Pero yo no me quiero confesar
Solo quiero decir estas palabras:

Situaciones eróticas absurdas
Repetidos intentos de suicidio
Pero morí de muerte natural.

Los funerales fueron muy bonitos.
El ataúd me pareció perfecto.
Aunque no soy caballo de carrera
Gracias por las coronas tan bonitas.

¡No se rían delante de mi tumba
Porque puedo romper el ataúd
Y salir disparado por el cielo!

NOTICIARIO 1957

Plaga de motonetas en Santiago.
La Sagan se da vuelta en automóvil.
Terremoto en Irán: 600 víctimas.
El gobierno detiene la inflación.
Los candidatos a la presidencia
Tratan de congraciarse con el clero.
Huelga de profesores y estudiantes.
Romería a la tumba de Óscar Castro.
Enrique Bello es invitado a Italia.
Rossellini declara que las suecas
Son más frías que témpanos de hielo.
Se especula con astros y planetas.
Su Santidad el papa Pío XII
Da la nota simpática del año:
Se le aparece Cristo varias veces.

El autor se retrata con su perro.

Aparición de los Aguas-Azules.
Grupo Fuego celebra aniversario.
Carlos Chaplin en plena ancianidad
Es nuevamente padre de familia.
Ejercicios del Cuerpo de Bomberos.
Rusos lanzan objetos a la luna.
Escasean el pan y los remedios.
Llegan más automóviles de lujo.

Los estudiantes salen a la calle
Pero son masacrados como perros.

La policía mata por matar.
Nicolai despotrica contra Rusia
Sin el menor sentido del ridículo:
San Cupertino vuela para atrás.
La mitad del espíritu es materia.

Robo con pasaporte diplomático:
En la primera página de Ercilla
Salen fotografiadas las maletas.

Jorge Elliott publica antología.

Una pobre paloma mensajera
Choca con los alambres de la luz:
Los transeúntes tratan de salvarla.

Monumento de mármol causa ira:
«La Mistral debería estar ahí».

Plaga de terroristas argentinos.
Kelly huye vestido de mujer.
Esqueleto que mueve las caderas.

Enrique Lihn define posiciones.
Perico Müller pacta con el diablo.
Médicos abandonan hospitales.
Se despeja la incógnita del trigo.

Huelga del personal del cementerio.
Un policía, por hacer un chiste
Se levanta la tapa de los sesos.

La derrota de Chile en el Perú:
El equipo chileno juega bien
Pero la mala suerte lo persigue.

Un poeta católico sostiene
Que Jehová debiera ser mujer.

Nuevos abusos con los pobres indios:
Quieren desalojarlos de sus tierras
¡De las últimas tierras que les quedan!
Siendo que son los hijos de la tierra.
Muerte de Benjamín Velasco Reyes.
Ya no quedan amigos de verdad:
Con Benjamín desaparece el último.

Ahora viene el mes de los turistas
Cáscaras de melones y sandías
¿Piensan hacer un templo subterráneo?

Frei se va de paseo por Europa.
Es recibido por el rey de Suecia.
Hace declaraciones a la prensa.
Una dama da a luz en una micro.
Hijo mata a su padre por borracho.
Charla sobre platillos voladores.
Humillación en casa de una tía.
Muere el dios de la moda femenina.
Plaga de moscas, pulgas y ratones.

Profanación de la tumba del padre.

Exposición en la Quinta Normal.
Todos miran al cielo por un tubo
Astros-arañas y planetas-moscas.
Choque entre Cartagena y San Antonio.
Carabineros cuentan los cadáveres
Como si fueran pepas de sandías.
Otro punto que hay que destacar:
Los dolores de muelas del autor
La desviación del tabique nasal
Y el negocio de plumas de avestruz.

La vejez y su Caja de Pandora.

Pero, de todos modos, nos quedamos
Con el año que está por terminar
(A pesar de las notas discordantes)
Porque el año que está por empezar
Solo puede traernos más arrugas.

DISCURSO FÚNEBRE

Es un error creer que las estrellas
Puedan servir para curar el cáncer
El astrólogo dice la verdad
Pero en este respecto se equivoca.
Médico, el ataúd lo cura todo.

Un caballero acaba de morir
Y se ha pedido a su mejor amigo
Que pronuncie las frases de rigor
Pero yo no quisiera blasfemar
Solo quisiera hacer unas preguntas.

La primera pregunta de la noche
Se refiere a la vida de ultratumba:
Quiero saber si hay vida de ultratumba
Nada más que si hay vida de ultratumba.

No me quiero perder en este bosque.
Voy a sentarme en esta silla negra
Cerca del catafalco de mi padre
Hasta que me resuelvan mi problema.
¡Alguien tiene que estar en el secreto!

Cómo no va a saber el marmolista
O el que le cambia la camisa al muerto.
¿El que construye el nicho sabe más?
Que cada cual me diga lo que sabe
Todos estos trabajan con la muerte
¡Estos deben sacarme de la duda!

Sepulturero, dime la verdad
Cómo no va a existir un tribunal
¡O los propios gusanos son los jueces!

Tumbas que parecéis fuentes de soda
Contestad o me arranco los cabellos
Porque ya no respondo de mis actos
Solo quiero reír y sollozar.

Nuestros antepasados fueron duchos
En la cocinería de la muerte:
Disfrazaban al muerto de fantasma
Como para alejarlo más aún
Como si la distancia de la muerte
No fuera de por sí inconmensurable.

Hay una gran comedia funeraria.

Dícese que el cadáver es sagrado
Pero todos se burlan de los muertos.
¡Con qué objeto los ponen en hileras
Como si fueran latas de sardinas!

Dícese que el cadáver ha dejado
Un vacío difícil de llenar
Y se componen versos en su honor.
¡Falso, porque la viuda no respeta
Ni el ataúd ni el lecho del difunto!

Un profesor acaba de morir.
¿Para qué lo despiden los amigos?
¿Para que resucite por acaso?
¡Para lucir sus dotes oratorias!
¿Y para qué se mesan los cabellos?
¡Para estirar los dedos de la mano!

En resumen, señoras y señores
Solo yo me conduelo de los muertos.

Yo me olvido del arte y de la ciencia
Por visitar sus chozas miserables.

Solo yo, con la punta de mi lápiz
Hago sonar el mármol de las tumbas.

Pongo las calaveras en su sitio.

Los pequeños ratones me sonríen
Porque soy el amigo de los muertos.

Estoy viejo, no sé lo que me pasa.
¿Por qué sueño clavado en una cruz?
Han caído los últimos telones.
Yo me paso la mano por la nuca
Y me voy a charlar con los espíritus.

DE *CANCIONES RUSAS*

1967

ÚLTIMO BRINDIS

Lo queramos o no
Solo tenemos tres alternativas:
El ayer, el presente y el mañana.

Y ni siquiera tres
Porque como dice el filósofo
El ayer es ayer
Nos pertenece solo en el recuerdo:
A la rosa que ya se deshojó
No se le puede sacar otro pétalo.

Las cartas por jugar
Son solamente dos:
El presente y el día de mañana.

Y ni siquiera dos
Porque es un hecho bien establecido
Que el presente no existe
Sino en la medida en que se hace pasado
Y ya pasó...,
                    como la juventud.

En resumidas cuentas
Solo nos va quedando el mañana:
Yo levanto mi copa
Por ese día que no llega nunca
Pero que es lo único
De lo que realmente disponemos.

REGRESO

La partida tenía que ser triste
Como toda partida verdadera:
Álamos, sauces, cordillera, todo
Parecía decirme no te vayas.

Y sin embargo el regreso es más triste...

Aunque parezca absurdo
Toda mi gente desapareció:
Se la tragó la ciudad antropófaga.

Solamente me esperan
Los olivos enfermos de conchuela
Y el perro fiel
El capitán con una pata rota.

LA FORTUNA

La fortuna no ama a quien la ama:
Esta pequeña hoja de laurel
Ha llegado con años de retraso.
Cuando yo la quería
Para hacerme querer
Por una dama de labios morados
Me fue negada una y otra vez
Y me la dan ahora que estoy viejo.
Ahora que no me sirve de nada.

Ahora que no me sirve de nada
Me la arrojan al rostro
Casi
        como
                una
                      palada
                              de
                                  tierra...

RITOS

Cada vez que regreso
A mi país
después de un viaje largo
Lo primero que hago
Es preguntar por los que se murieron:
Todo hombre es un héroe
Por el sencillo hecho de morir
Y los héroes son nuestros maestros.

Y en segundo lugar
por los heridos.

Solo después
no antes de cumplir
Este pequeño rito funerario
Me considero con derecho a la vida:
Cierro los ojos para ver mejor
Y canto con rencor
Una canción de comienzos de siglo.

SOLO

Poco
a
poco
me
fui
quedando
solo
Imperceptiblemente:
Poco
a
poco.

Triste es la situación
Del que gozó de buena compañía
Y la perdió por un motivo u otro.

No me quejo de nada: tuve todo
Pero
sin
darme
cuenta
Como árbol que pierde una a una sus hojas
Fuime
quedando
solo
poco
a
poco.

NIEVE

Empieza
a
caer
otro
poco
de
nieve

Como si fuera poca
Toda la nieve que ha caído en Rusia
Desde que el joven Pushkin
Asesinado por orden del zar
En las afueras de San Petersburgo
Se despidió de la vida
con estas inolvidables palabras:

Empieza
a
caer
otro
poco
de
nieve

Como si fuera poca
Toda la nieve que ha caído en Rusia
Toda la sangre que ha caído en Rusia
Desde que el joven Pushkin
Asesinado por orden del zar
En las afueras de San Petersburgo
Se despidió de la vida
con estas inolvidables palabras:

Empieza
a
caer
otro
poco
de
nieve…

AROMOS

Paseando hace años
Por una calle de aromos en flor
Supe por un amigo bien informado
Que acababas de contraer matrimonio.
Contesté que por cierto
Que yo nada tenía que ver en el asunto.
Pero a pesar de que nunca te amé
—Eso lo sabes tú mejor que yo—
Cada vez que florecen los aromos
—Imagínate tú—
Siento la misma cosa que sentí
Cuando me dispararon a boca de jarro
La noticia bastante desoladora
De que te habías casado con otro.

CRONOS

En Santiago de Chile
Los
días
son
interminablemente
largos:
Varias eternidades en un día.

Nos desplazamos a lomo de mula
Como los vendedores de cochayuyo:
Se bosteza. Se vuelve a bostezar.

Sin embargo las semanas son cortas
Los meses pasan a toda carrera
Ylosañosparecequevolaran.

YURI GAGARIN

Las estrellas se juntan alrededor de la tierra
Como ranas en torno de una charca
A discutir el vuelo de Gagarin.

Ahora sí que la sacamos bien:
¡Un comunista ruso
Dando de volteretas en el cielo!

Las estrellas están muertas de rabia
Entretanto Yuri Gagarin
Amo y señor del sistema solar
Se entretiene tirándoles la cola.

MALOS RECUERDOS

En resumidas cuentas
En todas partes dejo malos recuerdos:
En el Hotel Pekín
En la Plaza de Armas de Chillán
En los Archivos del Museo Británico.

Para la mayoría
Soy un narciso de la peor especie.

Me tienen no sé cuántos nombres:

El hombre de dos caras
El que se cree más de lo que es
El que no tiene paz
Ni
con
las
mariposas
del
jardín.

Todos se consideran con derecho
A festejarme con un poco de barro.

¡Hasta que se termine la paciencia
Y me vuele la tapa de los sesos!

CORDERO PASCUAL

Ya que no queda otra alternativa
Que degollar al cordero pascual
Para que el ser humano coma carne
Me permito pedir humildemente
Que en lo posible no se le mate con dolo.
Hay que enterrar la daga con cuidado
Sin olvidar que es un simple cordero
El que se está matando
Y no un león ni un tigre de Bengala.

Una vez perpetrado
El vergonzoso crimen necesario
Rogaría al verdugo
Que se lave las manos con salmuera
Para borrar el olor de la sangre.

Y mucho cuidado con los perros y gatos:
Algo que no debemos permitirnos
Es compartir con otros animales
El alimento del cordero pascual.
Aprovechemos hasta la última fibra.

Y no lo comamos con el ceño fruncido
Sino con gran respeto.
Casi con sentimiento religioso.

Y después del banquete
Demos las gracias al sistema solar.

PAN CALIENTE

Me llama la atención
El siguiente fenómeno
Para nosotros completamente desconocido:

Una cola de cien metros de largo
Cerca del Metropol
A pesar de los grados bajo cero.

Dentro de sus enormes abrigos
Y de sus densos gorros de pieles
Que solo dejan libres la nariz y los ojos
Todos los moscovitas
Parecen buzos interplanetarios
O cosmonautas del fondo del mar.

Me cuesta abrirme paso
Para llegar al núcleo
De ese cometa de seres humanos.

Describo lo que veo:
Una mujer detrás de una mesa
Entrada en carnes como todas las rusas
—Seguramente madre varias veces—
Con la cabeza envuelta en un pañuelo
Rojo
        de listas verdes y amarillas.
Y qué creen ustedes que vende
Esa mujer heroica
En pleno mes de enero
En su pequeño bar improvisado
En plena vía pública
Sin importarle la nieve que cae.
Pan caliente
                        ¿verdad?
Una antología de poetas chilenos
Traducidos por Margarita Aliguer.

PUSSYKATTEN

Este gato se está poniendo viejo

Hace algunos meses
Hasta su propia sombra
Le parecía algo sobrenatural.

Sus mostachos eléctricos
                                        lo detectaban todo:
Escarabajo,
            mosca,
                    matapiojo,
Todo tenía para él un valor específico.

Ahora se lo pasa
Acurrucado cerca del brasero.

Que el perro lo olfatee
O que las ratas le muerdan la cola
Son hechos que para él no tienen ninguna importancia.

El mundo pasa sin pena ni gloria
A través de sus ojos entornados.

¿Sabiduría?
            ¿misticismo?
                                    ¿nirvana?
Seguramente las tres cosas juntas
Y sobre todo
            t i e m p o t r a n s c u r r i d o .
El espinazo blanco de ceniza
Nos indica que él es un gato
Que se sitúa más allá del bien y del mal.

NADIE

No se puede dormir
Alguien anda moviendo las cortinas.
Me levanto.
                    No hay nadie.
Probablemente rayos de la luna.

Mañana hay que levantarse temprano
Y no se puede conciliar el sueño:
Parece que alguien golpeara a la puerta.

Me levanto de nuevo
Abro de par en par:
El aire me da de lleno en la cara
Pero la calle está completamente vacía.

Solo se ven las hileras de álamos
Que
    se
        mueven
                al
                    ritmo
                        del
                            viento.

Ahora sí que hay que dormir.
Sorbo la última gota de vino
Que todavía reluce en la copa
Acomodo las sábanas
Y doy una última mirada al reloj
Pero oigo sollozos de mujer
Abandonada por delitos de amor
En el momento de cerrar los ojos.

Esta vez no me voy a levantar
Estoy exhausto de tanto sollozo.

Ahora cesan todos los ruidos
Solo se oyen las olas del mar
Como si fueran los pasos de alguien
Que se acerca a nuestra choza desmantelada
Y
  no
     termina
              nunca
                     de
                        llegar.

DE *OBRA GRUESA*

1969

ADVERTENCIAS

Se prohíbe rezar, estornudar
Escupir, elogiar, arrodillarse
Venerar, aullar, expectorar.

En este recinto se prohíbe dormir
Inocular, hablar, excomulgar
Armonizar, huir, interceptar.

Estrictamente se prohíbe correr.

Se prohíbe fumar y fornicar.

JUBILACIÓN

A los primeros síntomas de primavera
Llegan los jubilados
A la Plaza de Armas de Santiago de Chile
Y se sientan en los escaños de fierro
Con una pierna arriba de la otra
A disfrutar del aire transparente
Bajo una lluvia de palomas grises.

Los jubilados viven en simbiosis
Con esas aves de color temblor:
Ellos las corroboran con maní
Y ellas
            a picotones amistosos
Les extraen la carne de las muelas.

Los jubilados son a las palomas
Lo que los cocodrilos a los ángeles.

ACTA DE INDEPENDENCIA

Independientemente
De los designios de la Iglesia católica
Me declaro país independiente.

A los cuarentaynueve años de edad
Un ciudadano tiene perfecto derecho
A rebelarse contra la Iglesia católica.
Que me trague la tierra si miento.

La verdad es que me siento feliz
A la sombra de estos aromos en flor
Hechos a la medida de mi cuerpo.

Extraordinariamente feliz
A la luz de estas mariposas fosforescentes
Que parecen cortadas con tijeras
Hechas a la medida de mi alma.

Que me perdone el Comité Central.

En Santiago de Chile
A veintinueve de noviembre
Del año mil novecientos sesenta y tres:

Plenamente consciente de mis actos.

FRASES

No nos echemos tierra a los ojos
El automóvil es una silla de ruedas
El león está hecho de corderos
Los poetas no tienen biografía
La muerte es un hábito colectivo
Los niños nacen para ser felices
La realidad tiende a desaparecer
Fornicar es un acto diabólico
Dios es un buen amigo de los pobres.

SARANGUACO

Es de noche, no piensa ser de noche
Es de día, no piensa ser de día.

Cómo va a ser de noche si es de día
Cómo va a ser de día si es de noche
¿Creen que están hablando con un loco?

Ojalá fuera realmente de día.

Hace frío pero yo tengo calor
Hace calor pero yo me muero de frío.

Dije que hacía frío pero miento
Hace un calor que derrite las piedras
Eso lo veo con mis propios ojos:
¡Falso! ¡No veo nada!
¡Tengo los ojos herméticamente cerrados!

Lo que sucede es que me siento mal
Ese dolor de estómago de siempre
La sensación de vértigo no cesa.

Cómo que mal: ¡me siento perfectamente!
¡En mi vida me he sentido mejor!
¡Ojalá me sintiera desdichado!

Observen bien y verán
Que estoy riéndome a carcajadas.

VIEJOS VERDES – ANCIANOS MADUROS

Solo de la cintura para abajo
Fablan los pobres viejos libidinosos
Expulsados del templo de Minerva
Por infracciones de orden erótico.

Nosotros somos otra clase de gente:

Nuestros poemas cantan las hazañas
De los héroes,
                    no los devaneos
De Cupido en el lecho de Venus.

Ellos son viejos verdes
Nosotros somos ancianos maduros.

PADRE NUESTRO

Padre nuestro que estás en el cielo
Lleno de toda clase de problemas
Con el ceño fruncido
Como si fueras un hombre vulgar y corriente
No pienses más en nosotros.

Comprendemos que sufres
Porque no puedes arreglar las cosas.
Sabemos que el Demonio no te deja tranquilo
Desconstruyendo lo que tú construyes.

Él se ríe de ti
Pero nosotros lloramos contigo:
No te preocupes de sus risas diabólicas.

Padre nuestro que estás donde estás
Rodeado de ángeles desleales
Sinceramente: no sufras más por nosotros
Tienes que darte cuenta
De que los dioses no son infalibles
Y que nosotros perdonamos todo.

AGNUS DEI

Horizonte de tierra
                                        astros de tierra
Lágrimas y sollozos reprimidos
Boca que escupe tierra
                                            dientes blandos
Cuerpo que no es más que un saco de tierra
Tierra con tierra – tierra con lombrices.
Alma inmortal – espíritu de tierra.

Cordero de dios que lavas los pecados del mundo
Dime cuántas manzanas hay en el paraíso terrenal.

Cordero de dios que lavas los pecados del mundo
Hazme el favor de decirme la hora.

Cordero de dios que lavas los pecados del mundo
Dame tu lana para hacerme un *sweater*.
Cordero de dios que lavas los pecados del mundo
Déjanos fornicar tranquilamente:
No te inmiscuyas en ese momento sagrado.

DISCURSO DEL BUEN LADRÓN

Acuérdate de mí cuando estés en tu reino
Nómbrame Presidente del Senado
Nómbrame Director del Presupuesto
Nómbrame Contralor General de la República.

Acuérdate de la corona de espinas
Hazme Cónsul de Chile en Estocolmo
Nómbrame Director de Ferrocarriles
Nómbrame Comandante en Jefe del Ejército.

Acepto cualquier cargo
Conservador de Bienes Raíces
Director General de Bibliotecas
Director de Correos y Telégrafos.

Jefe de Vialidad
Visitador de Parques y Jardines
Intendente de la Provincia de Ñuble.
Nómbrame Director del Zoológico.

Gloria al Padre
                    Gloria al Hijo
                                        Gloria al Espíritu Santo
Nómbrame Embajador en cualquier parte
Nómbrame Capitán del Colo-Colo
Nómbrame si te place
Presidente del Cuerpo de Bomberos.

Hazme Rector del Liceo de Ancud.

En el peor de los casos
Nómbrame Director del Cementerio.

YO PECADOR

Yo galán imperfecto
Yo danzarín al borde del abismo,

Yo sacristán obsceno
Niño prodigio de los basurales,

Yo sobrino – yo nieto
Yo confabulador de siete suelas,

Yo señor de las moscas
Yo descuartizador de golondrinas,

Yo jugador de fútbol
Yo nadador del Estero las Toscas,

Yo violador de tumbas
Yo satanás enfermo de paperas,

Yo conscripto remiso
Yo ciudadano con derecho a voto,

Yo ovejero del diablo
Yo boxeador vencido por mi sombra,

Yo bebedor insigne
Yo sacerdote de la buena mesa,

Yo campeón de cueca
Yo campeón absoluto de tango
De guaracha, de rumba, de vals,

Yo pastor protestante
Yo camarón, yo padre de familia,

Yo pequeño burgués
Yo profesor de ciencias ocultas,

Yo comunista, yo conservador
Yo recopilador de santos viejos,

(Yo turista de lujo)

Yo ladrón de gallinas
Yo danzarín inmóvil en el aire,

Yo verdugo sin máscara
Yo semidiós egipcio con cabeza de pájaro,

Yo de pie en una roca de cartón:
Háganse las tinieblas
Hágase el caos,
                    háganse las nubes,

Yo delincuente nato
Sorprendido infraganti

Robando flores a la luz de la luna
Pido perdón a diestra y siniestra
Pero no me declaro culpable.

QUÉ HORA ES

Cuando el enfermo grave
Se recupera por algunos segundos
Y pregunta la hora a los deudos
—Reunidos como por arte de magia
Alrededor de su lecho de muerte—
En un tonito que hace poner los pelos de punta

Quiere decir que algo marcha mal
Quiere decir que algo marcha mal
Quiere decir que algo marcha mal.

¡SOCORRO!

No sé cómo he venido a parar aquí:

Yo corría feliz y contento
Con el sombrero en la mano derecha
Tras una mariposa fosforescente
Que me volvía loco de dicha

Cuando de pronto zas un tropezón
Y no sé qué pasó con el jardín
El panorama cambió totalmente:
Estoy sangrando por boca y narices.

Realmente no sé lo que pasó
Sálvenme de una vez
O dispárenme un tiro en la nuca.

REGLA DE TRES

Independientemente
De los veinte millones de desaparecidos
Cuánto creen ustedes que costó
La campaña de endiosamiento de Stalin
En dinero contante y sonante:

Porque los monumentos cuestan plata.
Cuánto creen ustedes que costó
Demoler esas masas de concreto?
Solo la remoción de la momia
Del mausoleo a la fosa común
Ha debido costar una fortuna.

Y cuánto creen ustedes que gastaremos
En reponer esas estatuas sagradas?

INFLACIÓN

Alza del pan origina nueva alza del pan
Alza de los arriendos
Provoca instantáneamente la duplicación de los cánones
Alza de las prendas de vestir
Origina alza de las prendas de vestir.
Inexorablemente
Giramos en un círculo vicioso.
Dentro de la jaula hay alimento.
Poco, pero hay.
Fuera de ella solo se ven enormes extensiones de libertad.

IDEAS SUELTAS

No me gusta mirarme
En los espejos salpicados de sangre.

Preferible dormir al aire libre
Antes que compartir
El lecho de bodas con una tortuga.

El automóvil es una silla de ruedas.
Y el infeliz que mira a la madre
En el momento mismo del parto
Queda marcado para secula seculorum.

HASTA LUEGO

Ha llegado la hora de retirarse
Estoy agradecido de todos
Tanto de los amigos complacientes
Como de los enemigos frenéticos
¡Inolvidables personajes sagrados!

Miserable de mí
Si no hubiera logrado granjearme
La antipatía casi general:
¡Salve perros felices
Que salieron a ladrarme al camino!
Me despido de ustedes
Con la mayor alegría del mundo.

Gracias, de nuevo, gracias
Reconozco que se me caen las lágrimas
Volveremos a vernos
En el mar, en la tierra donde sea.
Pórtense bien, escriban
Sigan haciendo pan
Continúen tejiendo telarañas
Les deseo toda clase de parabienes:
Entre los cucuruchos
De esos árboles que llamamos cipreses
Los espero con dientes y muelas.

LA SITUACIÓN SE TORNA DELICADA

Basta mirar el sol
A través de un vidrio ahumado
Para ver que la cosa va mal;
¿O les parece a ustedes que va bien?

Yo propongo volver
A los coches tirados por caballos
Al avión a vapor
A los televisores de piedra.

Los antiguos tenían razón:
Hay que volver a cocinar a leña.

PARA QUE VEAS QUE NO TE GUARDO RENCOR

te regalo la luna
seriamente —no creas que me estoy burlando de ti:
te la regalo con todo cariño
¡nada de puñaladas por la espalda!
tú misma puedes pasar a buscarla
tu tío que te quiere
tu mariposa de varios colores
Directamente desde el Santo Sepulcro.

ÚLTIMAS INSTRUCCIONES

estos no son coqueteos imbéciles
háganme el favor de Velarme Como Es Debido
dase por entendido Que en la reina
al aire libre —detrás del garaje
bajo techo no andan los velorios

Cuidadito CON velarme en el salón De honor
    De la universidad
o en la Caza del Ezcritor
de esto no cabe la menor duda
malditos sean si me velan ahí
mucho cuidado con velarme ahí
Ahora bien —ahora mal— ahora
vélenme con los siguientes objetos:
un par de zapatos de fútbol
una bacinica floreada
mis gafas negras para manejar
un ejemplar de la Sagrada Biblia
Gloria al paDre
                                    gloria al hijo
                                                                gloria al e. s.
vélenme con el Gato Dominó.
la voluntad del muerto que se cumpla

Terminado el velorio
quedan en LIberTad de acciÓn
ríanse —lloren— hagan lo que quieran
eso sí que cuando choquen con una pizarra
guarden un mínimo de compostura:
en ese hueco negro vivo yo.

LA CRUZ

Tarde o temprano llegaré sollozando
a los brazos abiertos de la cruz.

Más temprano que tarde caeré
de rodillas a los pies de la cruz.

Tengo que resistirme
para no desposarme con la cruz:
¡ven cómo ella me tiende los brazos?

No será hoy
                    mañana
                                  ni pasado
mañana
             pero será lo que tiene que ser.

Por ahora la cruz es un avión
una mujer con las piernas abiertas.

MIL NOVECIENTOS TREINTA

Mil novecientos treinta. Aquí empieza una época
Con el incendio del dirigible R 101 que se precipita a tierra
Envuelto en negras ráfagas de humo
Y en llamas que se ven desde el otro lado del Canal
Yo no ofrezco nada especial, yo no formulo hipótesis
Yo solo soy una cámara fotográfica que se pasea por el desierto
Soy una alfombra que vuela
Un registro de fechas y de hechos dispersos
Una máquina que produce tantos o cuantos botones por minuto.

Primero indico los cadáveres de Andrée y de sus infortunados compañeros
Que permanecieron ocultos en la nieve septentrional durante medio siglo
Para ser descubiertos un día del año mil novecientos treinta
Año en que yo me sitúo y soy en cierto modo situado
Señalo el lugar preciso en que fueron dominados por la tormenta
He ahí el trineo que los condujo a los brazos de la muerte
Y el bote lleno de documentos científicos
De instrumentos de observación
Lleno de comestibles y de un sinnúmero de placas fotográficas.

Enseguida me remonto a uno de los picos más altos del Himalaya
Al Kanchetunga, y miro con escepticismo la brigada internacional
Que intenta escalarlo y descifrar sus misterios
Veo cómo el viento los rechaza varias veces al punto de partida
Hasta sembrar en ellos la desesperación y la locura
Veo a algunos de ellos resbalar y caer al abismo
Y a otros veo luchar entre sí por unas latas de conserva.

Pero no todo lo que veo se reduce a fuerzas expedicionarias:
Yo soy un museo rodante
Una enciclopedia que se abre paso a través de las olas
Registro todos y cada uno de los actos humanos.
Basta que algo suceda en algún punto del globo

Para que una parte de mí mismo se ponga en marcha
En eso consiste mi oficio
Concedo la misma atención a un crimen que a un acto de piedad
Vibro de la misma manera frente a un paisaje idílico
Que ante los rayos espasmódicos de una tempestad eléctrica
Yo no disminuyo ni exalto nada.
Me limito a narrar lo que veo.

Veo a Mahatma Gandhi dirigir personalmente
Las demostraciones públicas en contra de la Ley de la Sal
Veo al Papa y a sus cardenales congestionados por la ira
Fuera de sí, como poseídos por un espíritu diabólico
Condenar las persecuciones religiosas de la Rusia soviética
Y veo al príncipe Carol volver en aeroplano a Bucarest
Miles de terroristas croatas y eslovenos son ejecutados en masa
a mis espaldas
Yo dejo hacer, dejo pasar
Dejo que se les asesine tranquilamente
Y dejo que el general Carmona se pegue como lapa al trono del
Portugal.

Esto fue y esto es lo que fue el año mil novecientos treinta
Así fueron exterminados los kulaks de la Siberia
De este modo el general Chang cruzó el río Amarillo y se apoderó
de Pekín.
De esta y no de otra manera se cumplen las predicciones de los
astrólogos
Al ritmo de la máquina de coser de mi pobre madre viuda
Y al ritmo de la lluvia, al ritmo de mis propios pies descalzos
Y de mis hermanos que se rascan y hablan en sueños.

LA MUJER

La mujer llena de hijos no tenía donde vivir
Una mujer que era madre, que era hermana
Esposa no era, había sido
Una maldición pesaba sobre ella
Sobre su cabeza pesaba un cielo lleno de nubes
Y sobre sus pies pesaba todo
Yo estaba ahí de paso
Una especie de antimujer que lo vislumbra todo
El otro platillo de la balanza
Pues podía ser hijo como que efectivamente lo era
Podía ser padre, hermano
Podía ser esposo.
La mujer había elegido el lecho de un río para levantar sus tablas
Los utensilios domésticos yacían amontonados
Paisajes, matorrales se veían
Se veían piedras.
Todo esto ocurría en el corazón de una isla
Qué isla era aquella dios santo
Dios Santo
Quién era yo para reírme de Cronos
Preguntaba a la hija idiota qué es aquello
Apuntando con el índice hacia unos cerros próximos
¡Nieve! respondía ella
Correcto, era nieve. En verdad era nieve.
Me daba vuelta y sin dejar de reír preguntaba de nuevo
Mirando ahora hacia el otro confín.
Nieve respondía de nuevo.
Estábamos rodeados de nieve
Pero era el corazón del verano.
Pensamiento profético:
Toda esta gente va a desaparecer.
Pensé que esa gente podía desaparecer
Los hijos mayores podían ser hermanos
Porque la sangre se había mezclado hacía tiempo
Los hijos mayores hablaban

Decían frases
Partirían ellos
Ellos se presentaban en forma de imágenes
Tomaban sus sombreros y se retiraban.

«El frío los hará desaparecer»
Ese pensamiento siniestro se apoderó de mí
El lecho del río se llenará de agua
Etc., etc.

Entonces yo partí en busca de víveres
Prometí volver con algo seguro
Hacía esfuerzos para no fracasar
Pero las piernas me temblaban
Salí al camino
Pero no, felizmente no
Aquella no era una tierra desolada.
A ambos lados del camino descubrí chozas
Los pequeños palacios de los campesinos
Chozas miserables es cierto
Pero chozas de tierra: no de tablas
Poco a poco me fui acercando a ellas
De ellas salía humo
Con el rabo del ojo vi un corredor
Ensayé una pregunta, fracasé
Ensayé otra pregunta que extraje del fondo del espíritu
Fracasé

Aquellas mujeres me enjuiciaban
Dios Santo para qué me enjuiciaban aquellas mujeres
Si yo solo era un transeúnte
Un quijote que no conoce los caminos
(Con el nombre de la isla me hubiera bastado)
Pero ellas hacían muecas
Se reirían seguramente
Pregunté dónde podría alquilar una casa
Habrá por aquí una casa que se alquile?
La imagen de la mujer anterior no desaparecía
Yo trabajaba para ella
Sufría posiblemente sufría
Quería sacarla del abismo

Seguí entonces por los caminos
El camino mismo me hacía marchar
Deambulando siempre
Sin perder completamente las esperanzas
Siempre mirando hacia atrás
Llegué a un villorrio
Pero las chozas habían sido quemadas
Solo quedaban los esqueletos
En un recodo del camino encontré una posada
Un anciano que vendía menestras
Vendía vino
Descripción del anciano:
Recuerdo que usaba un guardapolvo
Recuerdo las botellas de diferentes tipos
Pidió a otro cliente que me llevase en su automóvil
Cuando el motor ya estaba en marcha se acercó a la cabina
Hizo un obsequio
Y me animó para que siguiera indagando
Siguiera buscando.
El chofer no era un isleño
Pero había llegado antes que yo
Fumaba
Tenía una casa por armar
Veinticinco mil costaba esa casa
La armaría en el lecho del río
«Aquí no hay donde levantar unos palos»
«Solo existe el lecho del río»
Y el invierno?
«No hay que pensar en el invierno»
«No correrá más agua»
«El agua estará en todas partes»
«Pero no en el río»
«Los tranques...»
(Respuesta enigmática)
Pero yo estaba seguro de la catástrofe
Descripción de la catástrofe:
Cuando asomamos al valle vimos avanzar las aguas turbulentas
El río se llenaba rápidamente
Corrí hacia el puente
Habrían escapado los míos?

Las aguas empezaban a apoderarse de todo
Pero aquella mujer valiente no ha sido derrotada
Da voces
Refunfuñando despierta esa mujer maldita
No quiere salvar a sus hijos
«Después los iré a buscar»
«Primero hay que averiguar quién destapó los tranques»
La culpa recae sobre un zorro que andaba en busca de alimento
Lo acorralan contra la ribera
Gime

Escupen sus ojos
Yo rescato a mi hija. La acerco al fuego
Froto su cuerpo
Mueve los pies
Trato de volverla a la vida
Pero aquello parece una caja
De su cabeza salen llamas
Tengo que volverla al agua
Recriminaciones de la mujer
Tú eres el culpable de todo
Tú eres el culpable de todo.

JUEGOS INFANTILES

I

Un niño detiene su vuelo en la torre de la catedral
y se pone a jugar con los punteros del reloj
se apoya sobre ellos impidiéndoles avanzar
y como por arte de magia los transeúntes quedan petrificados
en una actitud equis
con un pie en el aire
mirando hacia atrás como la estatua de Loth
encendiendo un cigarrillo etc., etc.
Luego toma los punteros y los hace girar a toda velocidad
los detiene en seco – los hace girar al revés
y los transeúntes corren – frenan bruscamente
retroceden a toda máquina
como en el cine mudo las imágenes se quedan en suspenso
trotan en dirección norte-sur
o caminan solemnemente a cámara lenta
en sentido contrario a los punteros del reloj.
Una pareja se casa – tiene hijos y se divorcia en fracciones de segundo
los hijos también se casan-mueren.

Entretanto el niño
Dios o como quiera llamársele
Destino o simplemente Cronos se aburre como una ostra
y emprende el vuelo en dirección al Cementerio General.

II

Tal como se indicó en el poema anterior
el niño travieso llega al cementerio
hace saltar la tapa de los sepulcros
los difuntos se incorporan de las tumbas

se oyen golpes a la distancia
reina un desconcierto general.

Los difuntos parecen cansados
con los pies llenos de tierra
y sin abandonar aún las tumbas
conversan animadamente entre sí
como deportistas que se dan una ducha.

Cambian impresiones sobre el Más Allá
algunos buscan objetos perdidos
otros se hunden hasta la rodilla en la tierra
mientras avanzan en dirección a la puerta del camposanto.

III

Muerto de risa el niño vuelve a la ciudad
hace parir monstruos
provoca temblores de tierra
desnudas corren mujeres con pelo
ancianos que parecen fetos ríen y fuman.

Estalla una tempestad eléctrica
que culmina con la aparición de una mujer crucificada.

CONSEJO BRITÁNICO

Nosotros no teníamos arte ni parte
No teníamos terror, no teníamos nada
Todo se reducía a mirar a través de las cerraduras
A mirar qué, a mirar muchachas jóvenes que se desvisten
Se reducían las cosas a andar por los alrededores
En busca de algo en que poner los ojos
Mirábamos más que veíamos, veíamos más que mirábamos
Entrábamos en los salones en la punta de los pies
En una especie de baile loco que conduce al abismo
Lo peor es que nosotros desaparecíamos
Teníamos que ir a veces o bien teníamos que venir
Cambiar eternamente de lugar
Eternamente cambiar de botas, cambiar de sombrero
So riesgo de ser descubiertos al fin por la policía.

Adónde vamos a ir a parar todos nosotros
Con estos jarrones absurdos, con estas ánforas
Qué vamos a hacer de estos enfermos que se quejan
Tocaremos por ventura sus imágenes
Esas sombras que se pegan a nuestros vestones
Pidiendo piedad, pidiendo un poco de lujuria.

Yo estaba asqueado de mis profesores
«Qué tipos más asquerosos», les decía a mis compañeros
Detrás de las letrinas ellos hablaban en voz baja
Alguien nos vigila, te veré en el otro recreo
Mis días están contados
Te veré en el campo detrás de una roca
Cuando hayan caído las hojas vendré por ti.
Sí, cuando las hojas hayan caído
Pero quién va a dar la voz de alarma
Esta ramera que llora de ebria
O tú, mujer de brazos cortados
Que miras y te dejas mirar
Esa cabeza de chancho me degenera
Y esas nubes me hacen decir estupideces.

JARDÍN ZOOLÓGICO

Dentro de algunos años sucederá lo siguiente:
Un elefante de dos tres metros de altura pensará para sí:
Yo soy un elefante útil a mí mismo
Mis pantalones respiran felicidad hasta por el marrueco.
Cuesta un poco andar hacia atrás —hacia lo alto
Hacia la imagen de otro elefante más bello que yo
Con el objeto de sufrir un pequeño cargo de conciencia.
Qué sería de un pobre elefante si le arrancáramos los colmillos
Y después le diéramos de golpes en las costillas
Hasta que dejara de existir.

A lo que la mosca responderá:
Hermano elefante, tus palabras nos desconciertan
Mírame a mí rebosante de salud
Marchar entre las hojas entre las flores
Entre las patas de los elefantes
Marchar en busca de otra mosca igual a mí.
Sigue el ejemplo de una mosca que piensa que sueña que sonríe
Y que generalmente hace su nido
En los yacimientos de abonos artificiales.

Este breve diálogo se llevará a efecto dentro de varios años
En un jardín particular dotado de luz eléctrica
En cuya puerta podrá leerse la siguiente inscripción:
«Jardín particular, viernes y sábado de once a doce»
Entonces el elefante despertará de su sueño infernal
Y apoyado en una especie de ataúd exclamará:
Dios protege a los animales
Él no permitirá que yo muera
Las moscas suelen creerse perfectas
Ellas vuelan, a veces ellas van de un punto a otro
Mueven sus brazos y piernas a un mismo tiempo.
A lo que la mosca agregará:
Cordero de Dios, estos elefantes se están volviendo locos
Llenan de agua sus trompas que luego lanzan fuera de sí
Ellos corren a velocidades fantásticas

Por esos jardines particulares sin puertas sin ventanas
Como elefantes enfermos llamados a desaparecer.

En este momento sucederá lo siguiente:
Las moscas crecerán hasta adquirir el volumen de un elefante
Y por su parte los elefantes bajarán de peso
Sus imágenes se reducirán una y mil veces
Hasta transformarse en pequeños elefantes de cocina de salón
Ellos serán unos seres diminutos que andarán por todas partes
En las frutas en el azúcar en la sopa
Y las moscas provistas de fuertes colmillos
Se replegarán hacia el extremo oriente.

SIEGMUND FREUD

Pájaro con las plumas en la boca
Ya no se puede más con el psiquiatra:
Todo lo relaciona con el sexo.

En las obras de Freud es donde vienen
Las afirmaciones más peregrinas.

Según este señor
Los objetos de forma triangular
—Plumas fuente, pistolas, arcabuces
Lápices, cañerías, guaripolas—
Representan el sexo masculino;
Los objetos de forma circular
Representan el sexo femenino.

Pero el psiquiatra va más adelante:
No solamente conos y cilindros
Casi todos los cuerpos geométricos
Son para él instrumentos sexuales
A saber las pirámides de Egipto.

Pero la cosa no termina ahí
Nuestro héroe va mucho más lejos:
Donde nosotros vemos artefactos
Vemos, digamos, lámparas o mesas
El psiquiatra ve penes y vaginas.

Analicemos un caso concreto:
Un neurópata va por una calle
De repente da vuelta la cabeza
Porque algo le llama la atención
—Un abedul, un pantalón a rayas
Un objeto que pasa por el aire—
En la nomenclatura del psiquiatra
Eso quiere decir

Que la vida sexual de su cliente
Anda como las reverendas huifas.

Vemos un automóvil
Un automóvil es un símbolo fálico
Vemos un edificio en construcción
Un edificio es un símbolo fálico
Nos invitan a andar en bicicleta
La bicicleta es un símbolo fálico
Vamos a rematar al cementerio
El cementerio es un símbolo fálico
Vemos un mausoleo
Un mausoleo es un símbolo fálico

Vemos un dios clavado en una cruz
Un crucifijo es un símbolo fálico
Nos compramos un mapa de Argentina
Para estudiar el problema de límites
Toda Argentina es un símbolo fálico
Nos invitan a China Popular
Mao Tse-tung es un símbolo fálico
Para normalizar la situación
Hay que dormir una noche en Moscú
El pasaporte es un símbolo fálico
La Plaza Roja es un símbolo fálico.

El avión echa fuego por la boca.

Nos comemos un pan con mantequilla
La mantequilla es un símbolo fálico.
Descansamos un rato en un jardín
La mariposa es un símbolo fálico
El telescopio es un símbolo fálico
La mamadera es un símbolo fálico.

En capítulo aparte
Vienen las alusiones a la vulva.
Vamos a silenciarlas por decoro
Cuando no la comparan con un búho
Que representa la sabiduría
La comparan con sapos o con ranas.

En el aeropuerto de Pekín
Hace un calor de los diez mil demonios
Nos esperan con flores y refrescos.
Desde que tengo uso de razón
No había visto flores tan hermosas.
Desde que el mundo es mundo
No había visto gente tan amable
Desde que los planetas son planetas
No había visto gente tan alegre.

Desde que fui lanzado
Fuera del paraíso terrenal.

Pero volvamos a nuestro poema.

Aunque parezca raro
El psiquiatra tenía la razón
En el momento de pasar un túnel
El artista comienza a delirar.
Para empezar lo llevan a una fábrica
Es ahí donde empieza la locura.

Síntoma principal:
Todo lo relaciona con el acto
Ya no distingue la luna del sol
Todo lo relaciona con el acto
Los pistones son órganos sexuales
Los cilindros son órganos sexuales
Las tornamesas órganos sexuales
Las manivelas órganos sexuales
Los altos hornos órganos sexuales
Tuercas y pernos órganos sexuales
Locomotoras órganos sexuales
Embarcaciones órganos sexuales.
El laberinto no tiene salida.

El Occidente es una gran pirámide
Que termina y empieza en un psiquiatra:
La pirámide está por derrumbarse.

MANIFIESTO

Señoras y señores
Esta es nuestra última palabra
—Nuestra primera y última palabra—:
Los poetas bajaron del Olimpo.

Para nuestros mayores
La poesía fue un objeto de lujo
Pero para nosotros
Es un artículo de primera necesidad:
No podemos vivir sin poesía.

A diferencia de nuestros mayores
—Y esto lo digo con todo respeto—
Nosotros sostenemos
Que el poeta no es un alquimista
El poeta es un hombre como todos
Un albañil que construye su muro:
Un constructor de puertas y ventanas.

Nosotros conversamos
En el lenguaje de todos los días
No creemos en signos cabalísticos.

Además una cosa:
El poeta está ahí
Para que el árbol no crezca torcido.

Este es nuestro mensaje.
Nosotros denunciamos al poeta demiurgo
Al poeta Barata
Al poeta Ratón de Biblioteca.

Todos estos señores
—Y esto lo digo con mucho respeto—
Deben ser procesados y juzgados

Por construir castillos en el aire
Por malgastar el espacio y el tiempo
Redactando sonetos a la luna
Por agrupar palabras al azar
A la última moda de París.
Para nosotros no:
El pensamiento no nace en la boca
Nace en el corazón del corazón.

Nosotros repudiamos
La poesía de gafas obscuras
La poesía de capa y espada
La poesía de sombrero alón.
Propiciamos en cambio
La poesía a ojo desnudo
La poesía a pecho descubierto
La poesía a cabeza desnuda.

No creemos en ninfas ni tritones.
La poesía tiene que ser esto:
Una muchacha rodeada de espigas
O no ser absolutamente nada.

Ahora bien, en el plano político
Ellos, nuestros abuelos inmediatos
¡Nuestros buenos abuelos inmediatos!
Se refractaron y se dispersaron
Al pasar por el prisma de cristal.
Unos pocos se hicieron comunistas.
Yo no sé si lo fueron realmente.
Supongamos que fueron comunistas
Lo que sé es una cosa:
Que no fueron poetas populares
Fueron unos reverendos poetas burgueses.

Hay que decir las cosas como son:
Solo uno que otro
Supo llegar al corazón del pueblo.
Cada vez que pudieron
Se declararon de palabra y de hecho
Contra la poesía dirigida

Contra la poesía del presente
Contra la poesía proletaria.

Aceptemos que fueron comunistas
Pero la poesía fue un desastre
Surrealismo de segunda mano
Decadentismo de tercera mano
Tablas viejas devueltas por el mar.
Poesía adjetiva
Poesía nasal y gutural
Poesía arbitraria
Poesía copiada de los libros
Poesía basada
En la revolución de la palabra
En circunstancias de que debe fundarse
En la revolución de las ideas.
Poesía de círculo vicioso
Para media docena de elegidos:
«Libertad absoluta de expresión».

Hoy nos hacemos cruces preguntando
Para qué escribirían esas cosas
¿Para asustar al pequeño burgués?
¡Tiempo perdido miserablemente!
El pequeño burgués no reacciona
Sino cuando se trata del estómago.

¡Qué lo van a asustar con poesías!

La situación es esta:
Mientras ellos estaban
Por una poesía del crepúsculo
Por una poesía de la noche
Nosotros propugnamos
La poesía del amanecer.
Este es nuestro mensaje
Los resplandores de la poesía
Deben llegar a todos por igual
La poesía alcanza para todos.

Nada más, compañeros
Nosotros condenamos
—Y esto sí que lo digo con respeto—
La poesía de pequeño dios
La poesía de vaca sagrada
La poesía de toro furioso.

Contra la poesía de las nubes
Nosotros oponemos
La poesía de la tierra firme
—Cabeza fría, corazón caliente
Somos tierrafirmistas decididos—
Contra la poesía de café
La poesía de la naturaleza
Contra la poesía de salón
La poesía de la plaza pública
La poesía de protesta social.

Los poetas bajaron del Olimpo.

DEFENSA DE VIOLETA PARRA

Dulce vecina de la verde selva
Huésped eterno del abril florido
Grande enemiga de la zarzamora
Violeta Parra.

Jardinera
            locera
                        costurera
Bailarina del agua transparente
Árbol lleno de pájaros cantores
Violeta Parra.

Has recorrido toda la comarca
Desenterrando cántaros de greda
Y liberando pájaros cautivos
Entre las ramas.

Preocupada siempre de los otros
Cuando no del sobrino
                                    de la tía
Cuándo vas a acordarte de ti misma
Viola piadosa.

Tu dolor es un círculo infinito
Que no comienza ni termina nunca
Pero tú te sobrepones a todo
Viola admirable.

Cuando se trata de bailar la cueca
De tu guitarra no se libra nadie
Hasta los muertos salen a bailar
Cueca valseada.

Cueca de la Batalla de Maipú
Cueca del Hundimiento del Angamos

Cueca del Terremoto de Chillán
Todas las cosas.

Ni bandurria
                        ni tenca
                                        ni zorzal

Ni codorniza libre ni cautiva
Tú
    solamente tú
                        tres veces tú
                                        Ave del paraíso terrenal.

Charagüilla
                    gaviota de agua dulce
Todos los adjetivos se hacen pocos
Todos los sustantivos se hacen pocos
Para nombrarte.

Poesía
        pintura
                    agricultura
Todo lo haces a las mil maravillas
Sin el menor esfuerzo
Como quien se bebe una copa de vino.

Pero los secretarios no te quieren
Y te cierran la puerta de tu casa
Y te declaran la guerra a muerte
Viola doliente.

Porque tú no te vistes de payaso
Porque tú no te compras ni te vendes
Porque hablas la lengua de la tierra
Viola chilensis.

¡Porque tú los aclaras en el acto!

Cómo van a quererte
                                me pregunto
Cuando son unos tristes funcionarios

Grises como las piedras del desierto
¿No te parece?

En cambio tú
Violeta de los Andes
Flor de la cordillera de la costa
Eres un manantial inagotable
De vida humana.

Tu corazón se abre cuando quiere
Tu voluntad se cierra cuando quiere
Y tu salud navega cuando quiere
Aguas arriba!

Basta que tú los llames por sus nombres
Para que los colores y las formas
Se levanten y anden como Lázaro
En cuerpo y alma.

¡Nadie puede quejarse cuando tú
Cantas a media voz o cuando gritas
Como si te estuvieran degollando
Viola volcánica!

Lo que tiene que hacer el auditor
Es guardar un silencio religioso
Porque tu canto sabe adónde va
Perfectamente.

Rayos son los que salen de tu voz
Hacia los cuatro puntos cardinales
Vendimiadora ardiente de ojos negros
Violeta Parra.

Se te acusa de esto y de lo otro
Yo te conozco y digo quién eres
¡Oh corderillo disfrazado de lobo!
Violeta Parra.

Yo te conozco bien
hermana vieja

Norte y sur del país atormentado
Valparaíso hundido para arriba
¡Isla de Pascua!

Sacristana cuyaca de Andacollo
Tejedora a palillo y a bolillo
Arregladora vieja de angelitos
Violeta Parra.

Los veteranos del Setentaynueve
Lloran cuando te oyen sollozar
En el abismo de la noche oscura
¡Lámpara a sangre!

Cocinera
niñera
lavandera
Niña de mano
todos los oficios
Todos los arreboles del crepúsculo
Viola funebris.

Yo no sé qué decir en esta hora
La cabeza me da vueltas y vueltas
Como si hubiera bebido cicuta
Hermana mía.

Dónde voy a encontrar otra Violeta
Aunque recorra campos y ciudades
O me quede sentado en el jardín
Como un inválido.
Para verte mejor cierro los ojos
Y retrocedo a los días felices
¿Sabes lo que estoy viendo?
Tu delantal estampado de maqui.

Tu delantal estampado de maqui
¡Río Cautín!
¡Lautaro!
¡Villa Alegre!
¡Año milnovecientos veintisiete

Violeta Parra!
Pero yo no confío en las palabras
¿Por qué no te levantas de la tumba
A cantar
            a bailar
                          a navegar
En tu guitarra?

Cántame una canción inolvidable
Una canción que no termine nunca
Una canción no más
                                       una canción
Es lo que pido.

Qué te cuesta mujer árbol florido
Álzate en cuerpo y alma del sepulcro
Y haz estallar las piedras con tu voz
Violeta Parra

Esto es lo que quería decirte

Continúa tejiendo tus alambres
Tus ponchos araucanos
Tus cantaritos de Quinchamalí
Continúa puliendo noche y día
Tus toromiros de madera sagrada
Sin aflicción
                        sin lágrimas inútiles
O si quieres con lágrimas ardientes
Y recuerda que eres
Un corderillo disfrazado de lobo.

CARTAS DEL POETA QUE DUERME EN UNA SILLA

I

Digo las cosas tales como son
O lo sabemos todo de antemano
O no sabremos nunca absolutamente nada.

Lo único que nos está permitido
Es aprender a hablar correctamente.

II

Toda la noche sueño con mujeres
Unas se ríen ostensiblemente de mí
Otras me dan el golpe del conejo.
No me dejan en paz.
Están en guerra permanente conmigo.

Me levanto con cara de trueno.

De lo que se deduce que estoy loco
O por lo menos que estoy muerto de susto.

III

Cuesta bastante trabajo creer
En un dios que deja a sus creaturas
Abandonadas a su propia suerte
A merced de las olas de la vejez
Y de las enfermedades
Para no decir nada de la muerte.

IV

Soy de los que saludan las carrozas.

V

Jóvenes
Escriban lo que quieran
En el estilo que les parezca mejor
Ha pasado demasiada sangre bajo los puentes
Para seguir creyendo —creo yo
Que solo se puede seguir un camino:
En poesía se permite todo.

VI

Enfermedad
                    Decrepitud
                                        y Muerte
Danzan como doncellas inocentes
Alrededor del lago de los cisnes
Semidesnudas
                    ebrias
Con sus lascivos labios de coral.

VII

Queda de manifiesto
Que no hay habitantes en la luna

Que las sillas son mesas
Que las mariposas son flores en movimiento perpetuo
Que la verdad es un error colectivo
Que el espíritu muere con el cuerpo
Queda de manifiesto
Que las arrugas no son cicatrices.

VIII

Cada vez que por una u otra razón
He debido bajar
De mi pequeña torre de tablas
He regresado tiritando de frío
De soledad
de miedo
de dolor.

IX

Ya desaparecieron los tranvías
Han cortado los árboles
El horizonte se ve lleno de cruces.

Marx ha sido negado siete veces
Y nosotros todavía seguimos aquí.

X

Alimentar abejas con hiel
Inocular el semen por la boca
Arrodillarse en un charco de sangre
Estornudar en la capilla ardiente
Ordeñar una vaca
Y lanzarle su propia leche por la cabeza.

XI

De los nubarrones del desayuno
A los truenos de la hora de almuerzo
Y de ahí a los relámpagos de la comida.

XII

Yo no me pongo triste fácilmente
Para serles sincero
Hasta las calaveras me dan risa.
Los saluda con lágrimas de sangre
El poeta que duerme en una cruz.

XIII

El deber del poeta
Consiste en superar la página en blanco
Dudo que eso sea posible.

XIV

Solo con la belleza me conformo
La fealdad me produce dolor.

XV

Última vez que repito lo mismo
Los gusanos son dioses
Las mariposas son flores en movimiento perpetuo
Dientes cariados
                    dientes quebradizos
Yo soy de la época del cine mudo.

Fornicar es un acto literario.

XVI

Aforismos chilenos:
Todas las colorinas tienen pecas

El teléfono sabe lo que dice
Nunca perdió más tiempo la tortuga
Que cuando tomó lecciones del águila.

El automóvil es una silla de ruedas.

Y el viajero que mira para atrás
Corre el serio peligro
De que su sombra no quiera seguirlo.

XVII

Analizar es renunciar a sí mismo
Solo se puede razonar en círculo
Solo se ve lo que se quiere ver
Un nacimiento no resuelve nada
Reconozco que se me caen las lágrimas.

Un nacimiento no resuelve nada
Solo la muerte dice la verdad
La poesía misma no convence.
Se nos enseña que el espacio no existe

Se nos enseña que el tiempo no existe
Pero de todos modos
La vejez es un hecho consumado.

Sea lo que la ciencia determine.

Me da sueño leer mis poesías
Y sin embargo fueron escritas con sangre.

TELEGRAMAS

I

Déjense de pamplinas
Aquí no piensa haber gato encerrado.

Dios hizo el mundo en una semana
Pero yo lo destruyo en un momento.

II

Háblenme de mujeres desnudas
Háblenme de sacerdotes egipcios
A escupitajo limpio
Yo me arrodillo y beso la tierra
A la vez que me como un churrasco.

Yo no soy derechista ni izquierdista
Yo simplemente rompo los moldes.

III

Que para qué demonios escribo?
Para que me respeten y me quieran
Para cumplir con dios y con el diablo
Para dejar constancia de todo.

Para llorar y reír a la vez
En verdad en verdad
No sé para qué demonios escribo:
Supongamos que escribo por envidia.

IV

Como turista soy un fracaso completo
De solo pensar en el Arco de Triunfo
Se me pone la carne de gallina.

Vengo de las pirámides de Egipto.

En verdad en verdad
Las catedrales me dan en los cocos.

V

Sepa Moya quién hizo las estrellas
A lo mejor el sol es una mosca
A lo mejor el tiempo no transcurre
A lo mejor la tierra no se mueve.

Mientras esté en capilla
No moriré de muerte natural
A lo mejor las moscas son ángeles
A lo mejor la sangre de narices
Sirve para lustrarse los zapatos.

A lo mejor la carne está podrida.

VI

Con la llegada de la primavera
Dejo de ser un hombre del montón
Y me transformo en una especie de catapulta
Que proyecta gargajos sanguinolentos
Hacia los cuatro puntos cardinales.

Solo la luna sabe quién soy yo.

VII

Ha terminado el siglo XIX
Se me pone la carne de gallina.
Quién tuviera un dedo de frente
Para correr por los acantilados
Y pernoctar al pie de la vaca.
Miren esos magníficos zancudos
Esos insuperables mamotretos
Que se van desplazando por el aire
Como si fueran globos de colores.
Cierto que dan deseos
De tomar un pincel
Y pintarlo todo de blanco?

VIII

A propósito de escopeta
Les recuerdo que el alma es inmortal.
El espíritu muere
                    el cuerpo no.

Desde el punto de vista del oído
Luz y materia son la misma cosa
Ambas se sientan a la misma cama
Ambas se acuestan en idéntica mesa.

Entre ustedes y yo:
El espíritu muere con la muerte.

EN EL CEMENTERIO

Este es el cementerio
        Ve cómo van llegando las carrozas?
En Santiago de Chile
Nosotros tenemos dos cementerios
Este es el Cementerio General
El otro es el Cementerio Católico.
Tome nota de todo lo que ve.
Mire por esa reja:
Esas cajas se llaman ataúdes
Los ataúdes blancos
Son para los cadáveres de niños
    Reconoce esos árboles oscuros?
—Si no me equivoco se llaman cipreses.
—Perfectamente bien:
Esos árboles negros son cipreses.
—Qué le parecen los nichos perpetuos?
—Qué es un nicho perpetuo?
—Cómo que qué es un nicho perpetuo?
Lo contrario de nicho temporal.
Este es nicho perpetuo,
Esos otros son nichos temporales.
Ahí viene llegando otra carroza.
Mire cómo descargan las coronas
Si desea podemos acercarnos
Esa mujer cubierta con un velo
Tiene que ser la viuda del difunto:
Mírela cómo llora amargamente.
Las mujeres nerviosas
No deberían ir a los entierros:
Mírela cómo llora amargamente
Mire cómo se mesa los cabellos,
        Ve cómo se retuerce de dolor?
Vamos ahora a ver los mausoleos.
        Le gustaría ver los mausoleos?
—Yo no sé lo que son los mausoleos.

—Yo se los mostraré
Pero tenemos que andar más ligero
En este mes oscurece temprano
Para no perder tiempo
Haga el favor de repetir la frase
Esos árboles negros son cipreses.
—Esos árboles negros son cipreses.
Tiene que repetirla varias veces
Hasta que se la aprenda de memoria.
—Esos árboles negros son cipreses
—No pronuncie la ce.
Los españoles pronuncian la ce,
Recuerde que está en Chile:
No pronuncie la zeta ni la ce.
Bueno, volvamos a nuestra lección
Esas pequeñas casas
Son las habitaciones de los muertos.
En español se llaman mausoleos.
Unos parecen kioscos
Otros parecen puestos de revistas.
—Pareciera que fuesen
Casas para jugar a las muñecas
Pero son los palacios de los muertos.
Mire esas nubes negras.
Debemos retirarnos
Antes que se nos haga más de noche:
El cementerio lo cierran temprano.

MANCHAS EN LA PARED

Antes que caiga la noche total
Estudiaremos las manchas en la pared:
Unas parecen plantas
Otras simulan animales mitológicos.

Hipogrifos,
                    dragones,
                                    salamandras.

Pero las más misteriosas de todas
Son las que parecen explosiones atómicas.

En el cinematógrafo de la pared
El alma ve lo que el cuerpo no ve:
Hombres arrodillados
Madres con criaturas en los brazos
Monumentos ecuestres
Sacerdotes que levantan la hostia.

Órganos genitales que se juntan.

Pero las más extraordinarias de todas
Son
      sin lugar a duda
Las que parecen explosiones atómicas.

CONSULTORIO SENTIMENTAL

Caballero de buena voluntad
Apto para trabajos personales
Ofrécese para cuidar señorita de noche
Gratis
        sin compromisos de ninguna especie
A condición de que sea realmente de noche.

Seriedad absoluta.
Disposición a contraer matrimonio
Siempre que la señorita sepa mover las caderas.

ME DEFINO COMO HOMBRE RAZONABLE

Me defino como hombre razonable
No como profesor iluminado
Ni como vate que lo sabe todo.
Claro que a veces me sorprendo jugando
El papel de galán incandescente
(Porque no soy un santo de madera)
Pero no me defino como tal.

Soy un modesto padre de familia
Un fierabrás que paga sus impuestos.
Ni Nerón ni Calígula:
Un sacristán
                    un hombre del montón
Un aprendiz de santo de madera.

PENSAMIENTOS

Qué es el hombre
                                        se pregunta Pascal:
Una potencia de exponente cero.
Nada
            si se compara con el todo
Todo
            si se compara con la nada:
Nacimiento más muerte:
Ruido multiplicado por silencio:
Medio aritmético entre el todo y la nada.

PONCHARTRAIN CAUSEAWAY

Perdón
    lo siento muchísimo
No tengo nada que hacer con estos puentes inolvidables
Reconozco que son largos
    ¿Infinitos?
                O.K.: Infinitos
Pero no es mucho lo que tengo que hacer yo con estos crepúsculos
    maravillosos
Gracias por los sánguches y las cocacolas
Gracias por las buenas intenciones
Y también por las malas
Mi estómago está de fiesta
¿Oyen la sonajera de tripas?
Mientras no se demuestre lo contrario
Seguiré llamándome como me llamo.

CHILE

Llegan a los 40 con barriga
Andan a salivazos con el cielo
No reconocen méritos a nadie
Dicen estar enfermos y están sanos
Y lo peor de todo
Dejan papeles sucios en el prado.

UN HOMBRE

La madre de un hombre está gravemente enferma
Parte en busca del médico
Llora
En la calle ve a su mujer acompañada de otro hombre
Van tomados de la mano
Los sigue a corta distancia
De árbol en árbol
Llora
Ahora se encuentra con un amigo de juventud
¡Años que no nos veíamos!
Pasan a un bar
Conversan, ríen
El hombre sale a orinar al patio
Ve una muchacha joven
Es de noche
Ella lava los platos
El hombre se acerca a la joven
La toma de la cintura
Bailan vals
Juntos salen a la calle
Ríen
Hay un accidente
La muchacha ha perdido el conocimiento
El hombre va a llamar por teléfono
Llora
Llega a una casa con luces
Pide teléfono
Alguien lo reconoce
Quédate a comer, hombre
No
Dónde está el teléfono
Come, hombre, come
Después te vas
Se sienta a comer
Bebe como un condenado

Ríe
Lo hacen recitar
Recita
Se queda dormido debajo de un escritorio.

ME RETRACTO DE TODO LO DICHO

Antes de despedirme
Tengo derecho a un último deseo:
Generoso lector
                    quema este libro
No representa lo que quise decir
A pesar de que fue escrito con sangre
No representa lo que quise decir.

Mi situación no puede ser más triste
Fui derrotado por mi propia sombra:
Las palabras se vengaron de mí.

Perdóname lector
Amistoso lector
Que no me pueda despedir de ti
Con un abrazo fiel:
Me despido de ti
Con una triste sonrisa forzada.

Puede que yo no sea más que eso
Pero oye mi última palabra:
Me retracto de todo lo dicho.
Con la mayor amargura del mundo
Me retracto de todo lo que he dicho.

CHILE

Da risa ver a los campesinos de Santiago de Chile
con el ceño fruncido
ir y venir por las calles del centro o por
las calles de los alrededores
preocupados-lívidos-muertos de susto
por razones de orden político
por razones de orden sexual
por razones de orden religioso
dando por descontada la existencia
de la ciudad y de sus habitantes:
aunque está demostrado que los habitantes aún no han nacido
ni nacerán antes de sucumbir
y Santiago de Chile es un desierto.

Creemos ser país
y la verdad es que somos apenas paisaje.

TOTAL CERO

1

La muerte no respeta ni a los humoristas de buena ley
para ella todos los chistes son malos
a pesar de ser ella en persona
quien nos enseña el arte de reír
tomemos el caso de Aristófanes
arrodillado sobre sus propias rodillas
riéndose como un energúmeno en las propias barbas de la Parca:
en mi poder hubiese economizado vida tan preciosa
pero la Muerte que no respeta Fulanos
irá a respetar Sutanos, Menganos o Perenganos?

2

Mientras escribo la palabra mientras
y los diarios anuncian el suicidio de Pablo de Rokha
vale decir el homicidio de Carlos Díaz Loyola
perpetrado por su propio hermano de leche
en Valladolid 106
—un balazo en la boca
con un Smith & Wesson calibre 44,
mientras escribo la palabra mientras
aunque parezca un poquito grandilocuente
pienso muerto de rabia
así pasa la gloria del mundo
sin pena
                sin gloria
                                sin mundo
sin un miserable sándwich de mortadela.

3

Actuamos como ratas
en circunstancias de que somos dioses
bastaría con abrir un poco las alas
y pareceríamos seres humanos
pero preferimos andar a la rastra
—véase el caso del pobre Droguett—

Al parecer no tenemos remedio
Fuimos engendrados y paridos por tigres
Pero nos comportamos como gatos.

DE *NEWS FROM NOWHERE*

1975

LA CEREMONIA DE DON ZACARÍAS

Se sale de noche a una cuadra de lejos lo menos
Y entonces de allá remoliendo el caballo
Como que viene en un caballo recontra lindo
Y viene echando la puerta abajo.
La cabrona, la dueña de casa, la cabrona que se dice
Es la que sale a recibirlo.
Lo hace entrar, lo saluda.
¡Tanto tiempo, don Zacarías, sin venir!
Ya están en el salón ya
Y mientras ese período los monitos están colgados de la pared
Los monicacos, los monitos de papel
Clavados y curados con vino
Y lo primero que se previene no hay que reírse ni por ná
Porque si se ríen, los clientes que vengan le pegan.
Y ahí grita la señora
¡Maestro! ¡Chiquillas! ¡Llegó gente al salón!
Y ahí se forma la fiesta.
Todos lo saludan en el salón
Los maestros, las chiquillas
¡Hola, don Zacarías!
Atiendan a don Zacarías, dice la cabrona
—Bueno, qué se va a servir don Zacarías, dice la
—Una ponchera
—¿Grande o chica?
—Grande
(Ahí es donde va muerta la cabrona
Porque tiene que poner lo que pida don Zacarías)
Empiezan a servirse y tocan también
Como si fuera de verdad
Y ahí empiezan a bailar con don Zacarías
Las chiquillas
Cuecas, valsecitos, de todo.
Se toma la ponchera y se va don Zacarías
¡Muchas gracias, don Zacarías!
¡Tan bien que nos fue esta noche!

36 Quedan diciendo las chiquillas
37 Y le dicen entonces
38 —¡Alicia!, dice una, cuánto te dejó don Zacarías
39 —Mil pesos, dice.
40 —Y a ti, Irene, dice la otra.
41 Bajan y suben cuentas
42 Mientras tanto los maestros
43 Se reparten de la propina que dejó don Zacarías
44 Toca ochocientos cada uno
45 Todo sin reírse ni por nada
46 Y ahí queda esperando uno no más
47 Que llegue la gente
48 Y llegando la gente hay que sacar altiro los monos de papel
49 No hay que dejarlos ni por nada ahí
50 Y si pasan al salón y no gastan nada ahí
51 Achunchan el negocio.
52 Al tiempo de salir de la puerta
53 Hay que escupirles la espalda a los clientes malos
54 Ahí se patean los monos en el suelo
55 Las mujeres, uno no tiene nada que ver con eso
56 Y se cuelgan otra vez.
57 Cuando se va la gente
58 Todas las sobras de vino se le tiran a los monos
59 Así en cruz.
60 Señora, hagamos don Zacarías, dicen las chiquillas
61 Cuando están curaonas y no hay clientes
62 Hay que quedarle cuidando el caballo a don Z
63 El campanillero lo cuida
64 El campanillero está para tocar la campanilla cuando viene la comisión
65 ¡La comisión, señora!
66 En el salón enciende una luz de otro color.
67 Para esconder los jarros y para echar a los menores
68 Por puertas falsas que hay
69 Antes también había un matón
70 Para zumbear a los que hacían perros muertos
71 Los que no querían pagar
72 Especial para eso no más
73 Y echarlos para afuera
74 Pero bien zumbeados sí
75 Y eran grandes, maceteados,

Por ejemplo cuando uno está metiendo boche con alguien
Ahí intervienen los brutos
Claro que van arriesgando

Fines de septiembre 1953

IMPROVISACIONES MÁS O MENOS PREMEDITADAS

I

Nací en San Fabián de Alico, Depto. de San Carlos, por Ñuble, año 1914. Alrededor de 1930 tuve la feliz idea de abrirme el marrueco y orinar contra un muro de ladrillo. El agua me mojó los zapatos, pero yo seguí hasta que terminó de evacuar la vejiga.

A continuación saqué un trozo de tiza del bolsillo y escribí tres frases sueltas en esa muralla:

1. Cristo fue un dadaísta
2. Cuidado con la pintura (porque también hice allí aguas mayores)
3. Patria o muerte venceremos

Pocos meses después tropecé con una piedra mientras caminaba por la Alameda de las Delicias (Santiago, Chile). Me agaché a recogerla. Pero salió huyendo. Parecía una pequeña tortuga, pero por la velocidad deduje que era un simple ratón. Sin embargo a mí me había parecido piedra.

II

En otra oportunidad escribí en el espejo de una peluquería:

No volveré jamás a este nido de piratas; por un corte de pelo vulgar y corriente he tenido que pagar todo el sueldo de un mes.

III

Seguían mis aventuras; al bajar de un tranvía en Matucana con Catedral pisé una cáscara de plátano y caí de espaldas en el momento preciso en que pasaba el tren a un mm de mi cabeza. Saqué un trozo de tiza de mi pantalón (se recordará que soy profesor de Matemáticas) y escribí en el pavimento un poema larguísimo en el que se hacía referencia al accidente narrado más arriba.

IV

Otra vez en una plaza aprovechando que el fotógrafo se había quedado dormido, me apoderé y huí con la cámara fotográfica. Alguien advirtió al fotógrafo de lo ocurrido, y, más veloz que yo, me alcanzó antes de la esquina del correo. Me hizo una zancadilla y como el lector podrá imaginar, caí de bruces rompiéndome los dientes delanteros. Volví a sacar un trozo de tiza de mi bolsillo. Avance en dirección a la catedral, me subí como pude a la torre, trepé por el campanario. Y en la barra horizontal de la cruz escribí la frase siguiente:

the world is falling apart

V

En esos mismos días me ofrecieron unas clases de trigonometría en la Escuela de Artes y Oficios. Acepté encantado. Memoricé como pude el teorema del coseno y vestido elegantemente me presenté a dar mi primera clase. Cuál no sería mi desilusión al darme cuenta de que había olvidado totalmente la demostración. Para disimular el olvido pasé lista a los estudiantes —los interrogué uno por uno sobre temas de actualidad y me retiré con el libro de clases bajo el brazo en dirección a la Sala de Profesores.

VI

Después fueron apareciendo frases por todas partes (escritas en tiza se comprende): en el toldo de las victorias, en los parabrisas de los automóviles de arriendo, en el trasero de los caballos de la policía, hasta en los ataúdes de las Pompas Fúnebres. Eran todas frases cortas, escritas con mayúsculas:

LA POESÍA HA MUERTO
VIVA LA POESÍA
EL ARTE ES HOMOSEXUAL
etc., etc.

Se sospechó que yo era el autor de esas frases. Me preguntaron en todos los tonos que para qué andaba escribiendo frases sueltas. No hallando cómo responder todas esas preguntas decidí recluirme por 7 días en mi dormitorio. Algunas veces me asomaba al balconcito de madera, pero me retiraba apenas veía una silueta humana que se aproximaba peligrosamente a la puerta de la calle.

VII

Después vinieron las felicitaciones, los aplausos, las ovaciones de pie. Yo lloraba de emoción. Agradecía en términos lacónicos esas felicitaciones. Decía: por favor no me feliciten. Pero los espectadores me seguían felicitando. Muchos de ellos me invitaban a pasar unos días en la playa. Otros imploraban que les diera un autógrafo. Nuevos problemas, porque no se me ocurría nada digno del momento. Opté por estampar escuetamente mi firma. Gran éxito. Porque en un dos por tres despachaba muchedumbres de admiradores.

EL MAR

El mar es un hoyo gigantesco
lleno de una substancia viscosa
llamada agua de mar
se subentiende que se trata de agua salada
También se da por sobreentendido
que en el mar hay gran variedad de peces
merluza —jurel-congrio-pejesapo
cual más cual menos orgullo de la cocina chilena
muy en particular la angula
exquisita al más exigente de los paladares
así como también hay olas enormes
capaces de volcar en un santiamén
embarcaciones de tamaño regular
Finalmente se da por sobreentendido
que el hombre se vale del mar
como de un medio de comunicación eficaz y expedito
importantísimo para la industria
ya se trate de salitre, cobre, carbón
harina de pescado, etc., etc.
Combates navales famosísimos
han ocurrido en repetidas ocasiones
con gran despliegue de artillería pesada
y los piratas se han hecho también famosos
todos ellos lobos de mar
como los denomina la tradición oral y escrita.

LA MUJER EQUIS

Una prostituta que llegó a ser la mujer más rica del mundo
Hizo construir una catedral, una especie de ciudad modelo
Dotada de peluquerías, fuentes de soda, ferias de distracción
Dotada si no me equivoco de tumbas, dotada de árboles
En cuyas ramas se podían ver pájaros, se podían ver nidos
Llenos de huevos que la ramera recogía
Para su desayuno.

En el interior de esa catedral se erigió su prostíbulo
Que funciona viernes y sábado de once a doce
A base de fuegos artificiales, a base de eunucos.
Cuya labor consistía en atender a los clientes
En ofrecerles sillas y ofrecerles un poco de agua hervida.

La inteligente prostituta no conforme con esto
Hizo construir un tabernáculo en el interior de ese prostíbulo
Donde hizo depositar los huesos, los trajes de los santos
Los nombres de los héroes nacionales grabados en bronce
Hizo depositar allí toda clase de objetos.
Las siguientes máximas hizo grabar a la entrada de su dormitorio.

Cinco minutos es el mínimo, quince minutos es el máximo.
La Humanidad puede esperar unos momentos.
Que primero pasen los zánganos, los hijos de sí mismos
Que después pasen los demás, si queda tiempo para ellos.
La Eternidad puede también sernos efímera
Si miramos por un telescopio lleno de leche condensada.

Para defender esta fortaleza ella hizo construir un revólver
En cuya cacha hizo grabar la siguiente máxima:
«The road of excess leads to the palace of wisdom».

Yo le dije a esta prostituta una serie de claridades
Mientras ella se desnudaba frente a un espejo.
Le pregunté que para qué malgastaba su plata

Me dijo que su familia había muerto años atrás
Y que ella era una monomaníaca del sexo.

Muy bien, respondí yo mientras comía un sándwich
Dentro de poco se producirán hechos notables.
No estaba equivocado puesto que una especie de perro
O tal vez gato la memoria me está fallando
Hizo su aparición por un pequeño túnel
Que iba de un tabernáculo a otro
De un relicario pasaba imperceptiblemente a una máquina de escribir
Y apoyando los pies en un bidet dijo:

Tal vez ustedes se extrañen un poco de mi aspecto
En realidad yo no dispongo de dientes
Mi cabellera es un simple pedazo de pan.
Acto seguido ladró durante unos minutos
Y de su boca salió un trozo de esmeralda
Acompañado de una pequeña columna de humo.
Después desapareció dejando tras de sí un papel escrito:
«Yo soy el sembrador de estas tierras».

Años más tarde volví a visitar aquel recinto,
Mi amiga prostituta me recibió en el subterráneo
Allí leía la biblia, leía las luisíadas
Empastados en una tela amarilla
Se desnudó e iniciamos nuestras excavaciones.

SERMONES Y PRÉDICAS DEL CRISTO DE ELQUI

1977

—Y ahora con ustedes
Nuestro Señor Jesucristo en persona
que después de 1977 años de religioso silencio
ha accedido gentilmente
a concurrir a nuestro programa gigante de Semana Santa
para hacer las delicias de grandes y chicos
con sus ocurrencias sabias y oportunas
N. S. J. no necesita presentación
es conocido en el mundo entero
baste recordar su gloriosa muerte en la cruz
seguida de una resurrección no menos espectacular:
un aplauso para N. S. J.

—Gracias por los aplausos
a pesar de que no son para mí
soy ignorante pero no cretino
hay algunos señores locutores
que se suelen pasar de la raya
por arrancar un aplauso barato
pero yo los perdono
por tratarse de bromas inocentes
aunque no debería ser así
la seriedad es superior a la chunga
sobre todo tratándose del evangelio
que se rían de mí perfectamente
esta no sería la primera vez
pero no de N. S. J.
el respetable público dirá.

(Aplausos)

I

A pesar de que vengo preparado
realmente no sé por dónde empezar
empezaré sacándome las gafas
esta barba no crean que es postiza
22 años que no me la corto
como tampoco me corto las uñas
o sea que cumplí la palabra empeñada
más allá de la fecha convenida
puesto que la manda fue solo por veinte
no me he cortado barba ni uñas
solamente las uñas de los pies
en honor a mi madre idolatrada
pero por las que tuve que pasar
humillaciones calumnias y burlas sin cuento
siendo que yo no molestaba a nadie
solo cumplía la sagrada promesa
que hice cuando ella murió
no cortarme la barba ni las uñas
por un lapso de veinte años
en homenaje a su sagrada memoria
renunciar a la vestimenta común
y reemplazarla por un humilde sayal
ahora les revelaré mi secreto
la penitencia ya se cumplió
pronto me podrán ver
nuevamente vestido de civil.

II

El 5 de febrero de 1927
me encontraba trabajando en el norte
como oficial de maestro albañil
a las órdenes de una firma norteamericana
deseoso de juntar un poco de plata
para ayudar a mis progenitores
que estaban en pésima situación
ella postrada en cama
y mi pobre viejo cesante
cuando oigo mi nombre por el altoparlante
sentí que se me helaba la sangre en las venas
a pesar de que hacía un calor espantoso
naturalmente sospeché lo peor
y por desgracia no me equivoqué
Cómo me sentiría de confundido
que en un primer momento me reí
no podía dar crédito a mis ojos
imposible Dios mío – no puede ser
en mi desesperación hice añicos el telegrama
y cuando recuperé la razón
me senté en una piedra a llorar como un niño
olvidando que ya era un hombre hecho y derecho.

III

Al verme vestido con este humilde sayal
hasta los sacerdotes se mofaron de mí
ellos que debieran dar el ejemplo
por algo son los representantes de Dios en la tierra
estoy absolutamente seguro
que Él no se hubiera burlado
todo fue en homenaje de una madre
cómo iba a hacer otra cosa
mientras ella dormía el sueño eterno
imaginen el hijo divirtiéndose
con mujeres de dudosa reputación
hubiera sido una traición sin nombre
tomando en cuenta que fui hijo único
hombre y no dios como creen algunos.

IV

No se diga que soy un pordiosero
quién no sabe cómo me he ganado la vida
en estos 20 años que duró mi promesa
giras al sur y norte del país
como también a los países limítrofes
predicando mis sanos pensamientos
en beneficio de la Humanidad
aunque los cuerdos me tildaran de loco
cientos de conferencias en cárceles y hospitales
en Asilos de Ancianos
en Sociedades de Socorros Mutuos
Yo no nací para glorificarme a mí mismo
nací para ayudar a mis semejantes
en especial a las almas en pena
sin distinción de clases sociales
ya se trate de enfermos desahuciados
o de personas de escasos recursos
sin aceptar jamás una limosna
ha sido un cuento de nunca acabar
humillaciones burlas risotadas
al verme vestido con un humilde sayal
hubo semanas meses años bisiestos
que no encontraba donde dormir
nadie quería darme alojamiento
yo ganaba bastante dinero
con la venta de mis modestos libritos
(hasta la fecha llevo publicados 18)
más que suficiente para pagar un hotel
y sin embargo se me rechazaba
so pretexto de esto o de lo otro
aunque pagara el doble o el triple de la tarifa
A no mediar el Cuerpo de Carabineros de Chile
yo no sé qué hubiera sido de mí.

V

Una vez un beodo
tuvo la osadía de llegar a tocarme la barba
pero triunfó la fuerza de voluntad
puesto que yo me mantuve impertérrito
no se movió ni un músculo de mi rostro
y el agresor tuvo que retirarse
sin saborear el fruto de su ofensa
él esperaba que yo me diera por ofendido
para poder reírse a sus anchas
por eso es que yo digo en mis conferencias
que la virtud debe estar por encima de todo
para que nadie sufra injustamente
seriedad y paciencia ante todo.

VI

Unos poquitos consejos de carácter práctico:
levantarse temprano
desayuno lo más liviano posible
basta con una taza de agua caliente
que el zapato no sea muy estrecho
nada de calcetines ni sombrero
carne dos o tres veces por semana
vegetariano soy pero no tanto
no cometan el error de comer marisco
todo lo proveniente del mar es veneno
no matar un pájaro sino en caso de extrema necesidad
evitemos las bebidas espirituosas
una copa al almuerzo suficiente
siesta de 15 minutos máximo
basta con la pérdida de la conciencia
hace mal dormir demasiado
no retener el aire en el estómago
porque se puede romper una tripa
abstinencia sexual en Semana Santa
zahumerio cada 15 días
ropa interior absolutamente blanca
salvo cuando se muere la madre
dada la gravedad extrema del caso
recomiéndase luto riguroso
cuando a mí me tocó pasar por esa experiencia traumática
que no se la doy ni a mi peor enemigo
decidí vestirme totalmente de negro
tanto por fuera como por dentro
cosa que hago hasta el día de hoy
a 20 años de esa fecha fatídica.

VII

Los maridos debieran seguir un curso por correspondencia
si no se atreven a hacerlo personalmente
sobre los órganos genitales de la mujer
hay una gran ignorancia al respecto
quién podría decirme por ejemplo
qué diferencia hay entre vulva y vagina
sin embargo se consideran con derecho a casarse
como si fueran expertos en la materia
resultado: problemas conyugales
adulterio calumnias separación
¿y cómo quedan esos pobres hijos?

VIII

Yo soy más yerbatero que mago
no resuelvo problemas insolubles
yo mejoro yo calmo los nervios
hago salir el demonio del cuerpo
donde pongo la mano pongo el codo
pero no resucito cadáveres putrefactos
el arte excelso de la resurrección
es exclusividad del divino maestro.

IX

Ahora que ya revelé mi secreto
quisiera despedirme de todos ustedes
en total armonía conmigo mismo
con un abrazo bien apretado
por haber llevado a feliz término
la misión que el Señor me encomendó
cuando se me apareció en sueños
hace la miseria de 22 años
juro que no le guardo rencor a nadie
ni siquiera a los que pusieron en duda mi virilidad
sepan esos reverendos señores
que soy un hombre totalmente normal
y perdonen si me he expresado en lengua vulgar
es que esa es la lengua de la gente.

X

Cuando mi madrecita dejó de existir
hice la firme resolución
de no dejarme vencer por la ira
y pagar insolencia con bondad
ironía con dulzura cristiana
arrogancia con humildad de cordero
por ignominiosa que fuera la provocación
aunque confieso que más de una vez estuve a punto
de rebelarme contra el Creador
por permitir tamañas tropelías.

XI

Un agregado de última hora:
tan pronto como se me apareció el Señor
tomé un lápiz y una máquina de escribir
y me puse a redactar mis prédicas
en el mejor castellano posible
no sin antes haberme retirado al desierto
por un lapso de 7 años consecutivos
claro que sin la menor vanidad
a pesar de que soy un analfabeto
nunca pisé la puerta de una escuela
mi papá fue más pobre que la rata
por no decir otra cosa peor
Distinguidos lectores: en estos momentos
os estoy escribiendo en una enorme máquina de escribir
desde el escritorio de una casa particular
eso sí que ya no vestido de Cristo
sino que de ciudadano vulgar y corriente
y les pido con gran humildad
léanme con un poquito de cariño
yo soy un hombre sediento de amor
y muchas gracias por la atención dispensada.

XII

Palabra que da lástima
ver a gente que podría viajar
en vapor en avión en lo que sea
morir sin pena ni gloria
en el mismo lugar en que nació
viendo siempre las mismas caras
enjauladas en el mismo paisaje
como si no tuvieran un cobre
en circunstancias de que nadan en plata
yo que he viajado a lo largo de todo Chile
sin disponer de otra fuente de entradas
que lo que gano con el sudor de mi frente
me pregunto por qué no viajarán
¿hay algo más interesante en el mundo?
sobre todo en un país como el nuestro
que tiene fama de ser tan hermoso
vayan a una oficina salitrera
donde yo trabajé en mi juventud
antes que falleciera mi madrecita
a diluiros en la inmensidad del desierto
a gozar de sus atardeceres maravillosos
créanme que parecen
verdaderas auroras boreales
o visiten la región de los lagos
es cuestión de acercarse a un teléfono público
si no se dispone de teléfono en casa
y reservar pasaje de ida y vuelta
no me explico por qué viaja tan poco la gente
debe ser por razones personales
o por motivos de fuerza mayor
y en ese caso prefiero quedarme callado.

XIII

La actualidad no tiene remedio
cuántos son los que invocan a la Virgen María
con palabras destinadas al Padre:
Padre nuestro que estás en el cielo...
ignorancia o descuido digo yo
o se dirigen erróneamente al Hijo
como si se tratara de la Madre:
Dios te salve María – llena eres de gracia
despropósito grande ciertamente
por no decir otra cosa peor:
la Torre de Babel queda pálida
¡cómo se reirá el Espíritu Santo!

XIV

Mentes que solo pueden funcionar
a partir de los datos de los sentidos
han ideado un cielo zoomórfico
sin estructura propia
simple transposición de la fauna terrestre
donde pululan ángeles y querubines
como si fueran aves de corral
¡inaceptable desde todo punto de vista!
yo sospecho que el cielo se parece más
a un tratado de lógica simbólica
que a una exposición de animales.

XV

«Recen por mí» – dicen algunos católicos
«yo no tengo tiempo para rezar
tengo que ir a un baile de máscaras
a la vuelta les doy una propina»
A esos hay que pararlos en seco:
lo mejor es denunciarlos al cura párroco
para que él los ponga en su lugar.

XVI

A mí me parece evidente
que religión y lógica a la larga
vienen a ser prácticamente lo mismo
se debiera sumar
como quien reza un ave maría
se debiera rezar
como quien efectúa una operación matemática
oraciones y ruegos claro que sí
ceremonias diabólicas nó
humillémonos ante el grandioso
para que no se ría Satanás.

XVII

Hay algunos sacerdotes descriteriados
que se presentan a decir misa
luciendo unas enormes ojeras artificiales
y por qué no decirlo francamente
con los cachetes y labios pintados
Su Santidad debiera tomar nota.

XVIII

En el conflicto ya milenario
que amenaza con una nueva división a la Iglesia de Cristo
yo me declaro fundamentalista:
me pronuncio por la plegaria mental
soy enemigo de la plegaria verbal
a pesar de no tener velas en ese entierro
puesto que soy un libre pensador.

XIX

El sacerdote no debe reírse nunca
qué quedaría para el sacristán
es por eso que no me canso de repetir
in manus tuas commendo spiritum meum
hágase tu voluntad y no la mía.

XX

En la realidad no hay adjetivos
ni conjunciones ni preposiciones
¿quién ha visto jamás una Y
fuera de la Gramática de Bello?
en la realidad hay solo acciones y cosas
un hombre bailando con una mujer
una mujer amamantando a su nene
un funeral – un árbol – una vaca
la interjección la pone el sujeto
el adverbio lo pone el profesor
y el verbo ser es una alucinación del filósofo.

XXI

Soy un convencido 100 %
que el acto sexual enfría el espíritu
razón por la cual me mantengo soltero
en esto sí que soy intransigente
sacerdote que rompe el voto de castidad
es un candidato seguro al infierno
por la misma razón
es que condeno con todas mis fuerzas
la teoría y la práctica de la masturbación
sé de muchos curitas depravados
que la practican ante el espejo
los compadezco pero me dan asco
si no tienen control sobre sí mismos
deberían colgar la sotana.

XXII

Los sacerdotes deben aprender a cantar
un sacerdote mudo no convence
eso sí que como reza san Agustín
en el canto eclesiástico
no se permite la expresión personal
la voz no debe superar al verbo
puesto que el fin es el contacto con Dios
y no con un artista de las cuerdas vocales.

XXIII

Y estos son los desafíos del Cristo de Elqui:
que levanten la mano los valientes:
a que nadie se atreve
a tomarse una copa de agua bendita
a que nadie es capaz
de comulgar sin previa confesión
a que nadie se atreve
a fumarse un cigarro de rodillas
¡gallinas cluecas – gallinas cluecas!
a que nadie es capaz
de arrancarle una hoja a la biblia
ya que el papel higiénico se acabó
a ver a ver a que nadie se atreve
a escupir la bandera chilena
primero tendría que escupir mi cadáver
apuesto mi cabeza
a que nadie se ríe como yo
cuando los filisteos lo torturan.

XXIV

Cuando los españoles llegaron a Chile
se encontraron con la sorpresa
de que aquí no había oro ni plata
nieve y trumao sí: trumao y nieve
nada que valiera la pena
los alimentos eran escasos
y continúan siéndolo dirán ustedes
es lo que yo quería subrayar
el pueblo chileno tiene hambre
sé que por pronunciar esta frase
puedo ir a parar a Pisagua
pero el incorruptible Cristo de Elqui no puede tener
otra razón de ser que la verdad
el general Ibáñez me perdone
en Chile no se respetan los derechos humanos
aquí no existe libertad de prensa
aquí mandan los multimillonarios
el gallinero está a cargo del zorro
claro que yo les voy a pedir que me digan
en qué país se respetan los derechos humanos.

XXV

Todas las profesiones se reducen a una
hay quienes dicen somos profesores
somos embajadores somos sastres
y la verdad es que son sacerdotes
sacerdotes vestidos o desnudos
sacerdotes enfermos o sanos
sacerdotes en acto de servicio
Hasta el que limpia las alcantarillas
es indudablemente sacerdote
ese es más sacerdote que nadie.

XXVI

Resumiendo la cosa
al tomar una hoja por una hoja
al tomar una rama por una rama
al confundir un bosque con un bosque
nos estamos comportando frívolamente
esta es la quinta-esencia de mi doctrina
felizmente ya comienzan a vislumbrarse
los contornos exactos de las cosas
y las nubes se ve que no son nubes
y los ríos se ve que no son ríos
y las rocas se ve que no son rocas
son altares
                ¡son cúpulas!
                                ¡son columnas!
y nosotros debemos decir misa.

XXVII

Ahora que puse las cosas en su lugar
explicando con lujo de detalles
el por qué el cuándo y el cómo
de mi presentación personal
a lo largo de estos 22 años interminables
confío de todo corazón
que no se seguirá tomando el rábano por las hojas
no soy chino ni árabe ni mapuche
como me lo dijeron en mi cara
los llamados doctores de la ley
cuando desembarqué en la Estación Mapocho
procedente del norte del país
a fines de 1929
decidido a radicarme en la capital
sin sospechar que ahí comenzaría mi vía crucis:
soy un hijo que sabe lo que es madre
soy un soldado raso más humilde que el yuyo
más sufrido que el tiuque
más chileno que el mote con huesillos.

HOJAS DE PARRA

1985

I

CANCIÓN PARA CORRER EL SOMBRERO

En su granja de Iásnaia Poliana
vivió muchos años el conde León Nicolaievich Tolstoy
no se afeitaba jamás – andaba siempre descalzo
Dios lo tenga en su santo reino
solo comía zanahorias crudas

Ustedes se preguntarán quién soy yo
con esta barba blanca tolstoiana
pidiendo limosna en la vía pública
ay!... yo soy uno de sus nietos legítimos

La Revolución ha sido dura conmigo
para qué voy a decir una cosa por otra
que cada cual me dé lo que pueda
(aquí se empieza a correr el sombrero)
todo me sirve aunque sea un kopek

Ay!... si yo les contara todos mis sufrimientos
imaginen el nieto de un Conde
pidiendo limosna en la vía pública:
¡Es para poner los pelos de punta!

Además mi mujer se fue con otro
me dejó por un capitán de ejército
so pretexto de que soy paralítico
no negaré que soy paralítico
—¡tiemblo como una hoja en la tormenta!—
pero me parece que no se puede romper
un sacramento de la Santa Madre Iglesia Católica
como quien rompe globos de colores:
hay señoras mujeres en el siglo XX
que se debieran desmayar de vergüenza

Compadézcanse de este pobre cornudo
no dispongo de otra fuente de ingresos.

Para qué voy a decir una cosa por otra
sufro de una enfermedad incurable
contraída en la más tierna infancia:
tengo todo el lado derecho paralizado
me puedo morir en cualquier momento

Mi enfermedad se llama encefalitis letárgica.

Para colmo de males
acaban de operarme de la vesícula
si les parece les muestro la cicatriz.

Ay!... no tengo paz en ninguna parte
para qué voy a decir una cosa por otra
los pelusas del barrio me persiguen tirándome piedras
hay que ser bien caído del catre
para reírse de un pobre viejo zarrapastroso
que no tiene ni dónde caerse muerto
Si mi querido abuelo estuviera vivo
yo no tendría que andar pidiendo limosna
¡otro gallo muy diferente me cantaría!

Dicho sea de paso tengo que juntar 17 dólares
antes que me venga el ataque
para pagar mi dosis de heroína
a buen entendedor pocas palabras
si no me dan por la buena
van a tener que darme por la mala
para qué vamos a decir una cosa por otra
yo soy bien hombrecito en mis cosas
arriba las manos maricones de mierda
vamos saltando o les saco la chucha!

DESCORCHO OTRA BOTELLA

y prosigo mi baile de costumbre

estiro una pierna
que perfectamente podría ser brazo
recojo un brazo
que perfectamente podría ser pierna

me encuclillo sin dejar de danzar
y me desabrocho los señores zapatos
uno lo lanzo más arriba del cielo
otro lo hundo hondo en la tierra

ahora comienzo a sacarme el *sweater*

en esto oigo sonar el teléfono
me llaman de la señora oficina
contesto que seguiré bailando
mientras no me suban el sueldo

ANTES ME PARECÍA TODO BIEN

ahora todo me parece mal

un teléfono viejo de campanilla
bastaba para hacerme el sujeto más feliz de la creación
un sillón de madera – cualquier cosa

los domingos por la mañana
me iba al mercado persa
y regresaba con un reloj de pared
—es decir con la caja del reloj—
y las correspondientes telarañas
o con una vitrola desvencijada
a mi cabañísima de La Reina
donde me esperaba el Chamaco
y su señora madre de aquel entonces

eran días felices
o por lo menos noches sin dolor

ESTO TIENE QUE SER UN CEMENTERIO

de lo contrario no se explicarían
esas casas sin puertas ni ventanas
esas interminables hileras de automóviles

y a juzgar por estas sombras fosforescentes
es probable que estemos en el infierno

debajo de esa cruz
estoy seguro que debe haber una iglesia

SUPONGAMOS QUE ES UN HOMBRE PERFECTO

supongamos que fue crucificado
supongamos incluso que se levantó de la tumba
—todo eso me tiene sin cuidado—
lo que yo desearía aclarar
es el enigma del cepillo de dientes
hay que hacerlo aparecer como sea

FUERON EXACTAMENTE COMO FUERON

adoraron la luna —pero poco
fabricaban canastos de madera
no tuvieron idea de música
fornicaban de pie
enterraban a sus muertos de pie
fueron exactamente como fueron

ESTOS ENAMORADOS IDÍLICOS

se parecen como dos hormigas
como dos ojos de la misma cara
como dos hoyos de la misma nariz

estos enamorados putamadre
se parecen al mar en sus vaivenes
y se parecen al sol en sus manchas

ENTONCES

no se extrañen
si me ven simultáneamente
en dos ciudades distintas

oyendo misa en una capilla del Kremlin
o comiéndome un hot-dog
en un aeropuerto de Nueva York

en ambos casos soy exactamente el mismo
aunque parezca absurdo soy el mismo

MOSCAS EN LA MIERDA

Al señor – al turista – al revolucionario
me gustaría hacerles una sola pregunta:
¿alguna vez vieron una flotilla de moscas
revolotear en torno a una plasta de mierda
aterrizar y trabajar en la mierda?
¿han visto moscas alguna vez en la mierda?

porque yo nací y me crié con las moscas
en una casa rodeada de mierda.

YO NO SOY UN ANCIANO SENTIMENTAL

una guagua me deja totalmente frío
no tomaría en brazos una guagua
aunque el mundo se estuviera viniendo abajo
que cada cual se rasque con sus uñas
aborrezco las fiestas de familia
prefiero que me peguen un garrotazo en la cabeza
a tener que jugar con un sobrino
tampoco me impresionan los nietos
es decir me ponen los nervios de punta
apenas me ven volver de la costa
se me tiran encima con los brazos abiertos
como si yo fuera el viejito pascuero
¡puta que los parió!
qué se habrán imaginado de mí

TIEMPOS MODERNOS

Atravesamos unos tiempos calamitosos
imposible hablar sin incurrir en delito de contradicción
imposible callar sin hacerse cómplice del Pentágono.

Se sabe perfectamente que no hay alternativa posible
todos los caminos conducen a Cuba
pero el aire está sucio
y respirar es un acto fallido.
El enemigo dice
es el país el que tiene la culpa
como si los países fueran hombres.
Nubes malditas revolotean en torno a volcanes malditos
embarcaciones malditas emprenden expediciones malditas
árboles malditos se deshacen en pájaros malditos:
todo contaminado de antemano.

COMO LES IBA DICIENDO

número uno en todo
no ha habido no hay no habrá
sujeto de mayor potencia sexual que yo
una vez hice eyacular diecisiete veces consecutivas
a una empleada doméstica

yo soy el descubridor de Gabriela Mistral
antes de mí no se tenía idea de poesía
soy deportista: recorro los cien metros planos
en un abrir y cerrar de ojos

han de saber que yo introduje el cine sonoro en Chile
en cierto sentido podría decirse
que yo soy el primer obispo de este país
el primer fabricante de sombreros
el primer individuo que sospechó
la posibilidad de los vuelos espaciales

yo le dije al Che Guevara que Bolivia nó
le expliqué con lujo de detalles
y le advertí que arriesgaba su vida

de haberme hecho caso
no le hubiera ocurrido lo que le ocurrió
¿recuerdan ustedes lo que le ocurrió al Che Guevara
en Bolivia?
imbécil me decían en el colegio
pero yo era el primer alumno del curso
tal como ustedes me ven
joven – buenmozo – inteligente
genial diría yo
–irresistible–
con una verga de padre y señor mío
que las colegialas adivinan de lejos
a pesar de que yo trato de disimular al máximo.

SIETE

son los temas fundamentales de la poesía lírica
en primer lugar el pubis de la doncella
luego la luna llena que es el pubis del cielo
los bosquecillos abarrotados de pájaros
el crepúsculo que parece una tarjeta postal
el instrumento músico llamado violín
y la maravilla absoluta que es un racimo de uvas

ALGUIEN DETRÁS DE MÍ

lee cada palabra que escribo
por encima de mi hombro derecho
y se ríe desvergonzadamente de mis problemas
un señor de bastón y levita

miro pero no veo que haya nadie
sin embargo yo sé que me espían

PREGUNTAS Y RESPUESTAS

¿qué te parece valdrá
la pena matar a dios
a ver si se arregla el mundo?

—claro que vale la pena

—¿valdrá la pena jugarse
la vida por una idea
que puede resultar falsa?

—claro que vale la pena

—¿pregunto yo si valdrá
la pena comer centolla
valdrá la pena criar
hijos que se volverán
en contra de sus mayores?

—es evidente que sí
que no
          que vale la pena

—pregunto yo si valdrá
la pena poner un disco
la pena leer un árbol
la pena plantar un libro
si todo se desvanece
si nada perdurará

—tal vez no valga la pena

—no llores

                    —estoy riendo

—no nazcas

                      —estoy muriendo.

PASATIEMPOS

hacer brotar un mundo de la nada
pero no por razones de peso
por fregar solamente —por joder

desafinarle la guitarra al padre
masturbarse con pétalos de rosa
tonsurar a los hermanos menores
escribir aforismos en las murallas

asaltar a un anciano decrépito
discutir con los Doctores de la Ley
dispararle pelotillas al sacerdote
durante el desarrollo de la misa solemne
simular un ataque epiléptico
mientras alza la hostia consagrada
hacerse el cucho en un accidente del tráfico

expectorar en la capilla ardiente

acariciar un gatito romano
abrocharse y desabrocharse el marrueco
—si les parece me lo vuelvo a desabrochar—
demoler el Hospicio
postergar indefinidamente la noche de bodas

seguir un curso por correspondencia
crucificar a Cristo Jesús
contraer una Enfermedad Venérea
someterse a un Examen de Orina
operarse de Cáncer a los Riñones
agobiar a los Padres de la Iglesia
con preguntas que no vienen al caso

cocinar un sombrero de cura
a vista y paciencia de la Santa Sede
pronunciar un discurso patriótico
pero no por razones de peso

por fregar —solamente por joder
Señoras y Señores aunque no vengo preparado...

masacrar a quemarropa a la familia del Zar
incendiar la Biblioteca de Alejandría
descuartizar mujeres embarazadas
al más puro estilo Lyndon B. Nixon

aquí no se respeta ni la ley de la selva

UN SUJETO DE MALOS ANTECEDENTES

se desplaza por un laberinto
desde luego parece un insecto

habla hasta por los codos
se le sueltan las cuerdas vocales

cada vez más arrugas en la frente

masturbación a falta de suicidio

se queda con una bufanda prestada
no revisa las pruebas escritas
califica al azar a sus alumnos
hasta que lo sorprenden infraganti

circuncisión a los cincuenta años de edad
estornuda y escupe en el pañuelo
gesticula como un condenado
traductor de obras científicas
se divorcia
                    se casa nuevamente
deja de masturbarse por un tiempo
sensación de que alguien lo espía
agorafobia claustrofobia
pérdida del sentido del olfato
sueños apocalípticos
abre los brazos en señal de derrota

LOS PROFESORES

Los profesores nos volvieron locos
a preguntas que no venían al caso
cómo se suman números
complejos hay o no hay arañas en la luna
cómo murió la familia del zar
¿es posible cantar con la boca cerrada?
quién le pintó bigotes a la Gioconda
cómo se llaman los habitantes de Jerusalén
hay o no hay oxígeno en el aire
cuántos son los apóstoles de Cristo
cuál es el significado de la palabra consueta
cuáles fueron las palabras que dijo Cristo en la cruz
quién es el autor de *Madame Bovary*
dónde escribió Cervantes el *Quijote*
cómo mató David al gigante Goliat
etimología de la palabra filosofía
cuál es la capital de Venezuela
cuándo llegaron los españoles a Chile

Nadie dirá que nuestros
maestros eran unas enciclopedias rodantes
exactamente todo lo contrario:
unos modestos profesores primarios
o secundarios no recuerdo muy bien
—eso sí que de bastón y levita
como que estamos a comienzos de siglo—
no tenían para qué molestarse
en molestarnos de esa manera
salvo por razones inconfesables:
a qué tanta manía pedagógica
¡tanta crueldad en el vacío más negro!

Dentadura del tigre
nombre científico de la golondrina
de cuántas partes consta una misa solemne

cuál es la fórmula del anhídrido sulfúrico
cómo se suman fracciones de distinto denominador
estómago de los rumiantes
árbol genealógico de Felipe II
Maestros Cantores de Núremberg
Evangelio según San Mateo
nombre cinco poetas finlandeses
etimología de la palabra etimología

Ley de la gravitación universal
a qué familia pertenece la vaca
cómo se llaman las alas de los insectos
a qué familia pertenece el ornitorrinco
mínimo común múltiplo entre dos y tres
hay o no hay tinieblas en la luz
origen del sistema solar
aparato respiratorio de los anfibios
órganos exclusivos de los peces
sistema periódico de los elementos
autor de Los Cuatro Jinetes del Apocalipsis
en qué consiste el fenómeno llamado es-pe-jis-mo
cuánto demoraría un tren en llegar a la luna
cómo se dice pizarrón en francés
subraye las palabras terminadas en consonante.

La verdad de las cosas
es que nosotros nos sentábamos en la diferencia
quién iba a molestarse con esas preguntas
en el mejor de los casos apenas nos hacían temblar
únicamente un malo de la cabeza
la verdadera verdad de las cosas
es que nosotros éramos gente de acción
a nuestros ojos el mundo se reducía
al tamaño de una pelota de fútbol
y patearla era nuestro delirio
nuestra razón de ser adolescentes
hubo campeonatos que se prolongaron hasta la noche
todavía me veo persiguiendo
la pelota invisible en la oscuridad
había que ser búho o murciélago
para no chocar con los muros de adobe

ese era nuestro mundo
las preguntas de nuestros profesores
pasaban gloriosamente por nuestras orejas
como agua por espalda de pato
sin perturbar la calma del universo:
partes constitutivas de la flor
a qué familia pertenece la comadreja
método de preparación del ozono
testamento político de Balmaceda
sorpresa de Cancha Rayada
por dónde entró el ejército libertador
insectos nocivos a la agricultura
cómo comienza el *Poema del Cid*
dibuje una garrucha diferencial
y determine la condición de equilibrio.

El amable lector comprenderá
que se nos pedía más de lo justo
más de lo estrictamente necesario:
¿determinar la altura de una nube?
¿calcular el volumen de la pirámide?
¿demostrar que raíz de dos es un número irracional?
¿aprender de memoria las *Coplas* de Jorge Manrique?
déjense de pamplinas con nosotros
hoy tenemos que dirimir un campeonato
pero llegaban las pruebas escritas
y a continuación las pruebas orales
(en unas de fregar cayó Caldera)
con una regularidad digna de mejor causa:

teoría electromagnética de la luz
en qué se distingue el trovador del juglar
¿es correcto decir se venden huevos?
¿sabe lo que es un pozo artesiano?
clasifique los pájaros de Chile
asesinato de Manuel Rodríguez
independencia de la Guayana Francesa
Simón Bolívar héroe o antihéroe
discurso de abdicación de O'Higgins
ustedes están más colgados que una ampolleta

Los profesores tenían razón:
en verdad en verdad
el cerebro se nos escapaba por las narices
—había que ver cómo nos castañeteaban los dientes—
a qué se deben los colores del arcoíris
hemisferios de Magdeburgo
nombre científico de la golondrina
metamorfosis de la rana
qué entiende Kant por imperativo categórico
cómo se convierten pesos chilenos a libras esterlinas
quién introdujo en Chile el colibrí
por qué no cae la Torre de Pisa
por qué no se vienen abajo los Jardines Flotantes de Babilonia
¿por qué no cae la luna a la tierra?
departamentos de la provincia de Ñuble
cómo se trisecta un ángulo recto
cuántos y cuáles son los poliedros regulares
este no tiene la menor idea de nada.

Hubiera preferido que me tragara la tierra
a contestar esas preguntas descabelladas
sobre todo después de los discursitos moralizantes
a que nos sometían impajaritablemente día por medio
¿saben ustedes cuánto cuesta al Estado
cada ciudadano chileno
desde el momento que entra a la escuela primaria
hasta el momento que sale de la universidad?
¡un millón de pesos de seis peniques!

Un millón de pesos de seis peniques
y seguían apuntándonos con el dedo:
cómo se explica la paradoja hidrostática
cómo se reproducen los helechos
enuméreme los volcanes de Chile
cuál es el río más largo del mundo
cuál es el acorazado más poderoso del mundo
cómo se reproducen los elefantes
inventor de la máquina de coser
inventor de los globos aerostáticos
ustedes están más colgados que una ampolleta
van a tener que irse para la casa

y volver con sus apoderados
a conversar con el Rector del Establecimiento.

Y mientras tanto la Primera Guerra Mundial
Y mientras tanto la Segunda Guerra Mundial
La adolescencia al fondo del patio
La juventud debajo de la mesa
La madurez que no se conoció
La vejez
            con sus alas de insecto.

MEMORIAS DE UN ATAÚD

Nací en una estupenda carpintería
pero lo divertido es lo que viene después
desde chico fui juguetón
me gustaba reírme de las urnas
me parecían demasiado solemnes
Después de pasar varios meses en el salón de ventas
gozando de una vida que me atrevo a calificar de feliz
puesto que nada turbaba la paz del recinto
donde yo me divertía a más no poder
a expensas de los demás ataúdes se comprende
—el único inconveniente era un olor espantoso a barniz—
después de varios meses repito
fui comprado por una dama vestida de luto
Me echaron en un aparato con ruedas
impulsado por un motor a bencina
que salió disparado por la ciudad
experiencia que no olvidaré jamás
puesto que de una plumada
mi vida cambió en 180°
pasé de la inmovilidad absoluta
a un estado de movimiento perpetuo
hasta que llegamos a una casa particular
donde fui depositado sobre una mesa de comedor

en esa mesa de comedor
debo haber permanecido varias horas
cuántas no sé porque pronto me quedé profundamente dormido
me sentía extenuado debido a los cambios de dirección del vehículo
a la oscuridad – a las fuertes impresiones
ese mundo desconocido para mí
y el reloj de colgar que vi en el centro de una muralla
más las sillas y mesas en desorden por todas partes
aunque en el fondo de mi corazón
yo gozaba como jamás me lo hubiera imaginado
Al despertar el panorama había cambiado totalmente

para empezar yo estaba cubierto de flores
a mis pies podía ver unos enormes candelabros eléctricos
que despedían una luz enceguecedora
ah y también los cortinajes negros
adornados profusamente con lentejuelas de plata
cuál no sería mi alegría
al ver que yo era el centro de gravedad de aquel mundo fabuloso
muchos se acercaban a mí y miraban a través de mi ventanuco
se abrazaban a mí con grandes aspavientos
hechos que yo interpreté lo mejor que pude
cuando de golpe la situación cambia en un 100 %
me sacan de aquella sala siniestra
y me depositan ahora en un carruaje tirado por caballos
elegantísimo por cierto
claro que la dama vestida de negro
se aferraba a mí con todas sus fuerzas
dificultando las operaciones de los parientes
ese fue el día más glorioso de toda mi vida
porque mientras atravesábamos la ciudad
en dirección para mí desconocida
todos los peatones con que nos íbamos cruzando
se sacaban el sombrero con muestras de gran respeto
honor que todavía considero inmerecido
hasta que llegamos a una ciudad más pequeña
amurallada como en los tiempos antiguos
allí se dio comienzo a un espectáculo
que me emocionó hasta las lágrimas
grabándose en mi mente con caracteres indelebles
me refiero a los hermosos discursos
que diferentes personas pronunciaron en mi honor
y a las reiteradas manifestaciones de aprecio
de que me hacían objeto desde todos los ángulos
hasta que me descolgaron con todas las precauciones del caso
a este recinto en que ahora me encuentro
bajo una tonelada de flores
en espera de nuevos acontecimientos

NO CREO EN LA VÍA PACÍFICA

no creo en la vía violenta
me gustaría creer en algo —pero no creo
creer es creer en Dios
lo único que yo hago
es encogerme de hombros
perdónenme la franqueza
no creo ni en la Vía Láctea

MISIÓN CUMPLIDA

árboles plantados	17
hijos	6
obras publicadas	7
	———
total	30

operaciones quirúrgicas	1
caídas fatales	17
caries dentarias	17
	———
total	35

lágrimas	0
gotas de sangre	0
	———
total	0

besos corrientes	48
" con lengua	17
" a través del espejo	1
" de lujo	4
" Metro Goldwyn Mayer	3
	———
total	548

calcetines	7
calzoncillos	1
toallas	0
camisas sport	1
pañuelos de mano	43
	———
total	473

mapamundi	1
candelabros de bronce	2
catedrales góticas	0
	———
total	3
humillaciones	7
salas de espera	433
salones de peluquería	48
	———
total	1534901
capitales europeas	548
piojos y pulgas	333333333
Apolo 16	1
	———
total	49
secreciones glandulares	4
padrinos de casamiento	7
tuercas y pernos	4
	———
total	15
joyas literarias	1
padres de la Iglesia	1
globos aerostáticos	17
	———
total	149

II

EL HUASO PERQUENCO

Allá va el huaso Perquenco
en su caballo alazán
ocho gendarmes lo siguen
cuándo lo van a alcanzar
Tres muertes dicen que debe
el mango de su puñal
uno era un viejo avariento
con cara 'e necesidá
otro un tinterillo loco
que lo iba a denunciar
y el otro su propio hermano
que se la quiso jugar
Corran y vuelen si quieren
hasta que les dé puntá
yo sé que al huaso Perquenco
ni Cristo lo pillará
mejor es que no lo pillen
puede dejar la cagá
A medianoche llegó
cerca de La Rinconá
aónde el huaso del diablo
tenía a su pior es ná
Que se levante mi suegra
que se levante mi ahijá
aquí viene su pairino
a escuchar una toná
Debajo de un roble huacho
trató de desensillar
pero traía una libra
de plomo en la riñoná
Apure mi negra linda
maire de la caridá
y sáqueme esta basura
mire que ya no doy más
Al ver correr tanta sangre

ella no atinaba a ná
por poco no se desmaya
con qué lo voy a curar
sin vendas sin algodón
y sin agua oxigená
Cómo que con qué señora
con este mesmo puñal
y al otro día amanece
tan alto como un peral
En esto comparecieron
al trote la autoridá
claro que al huaso le habían
pasado ya la nombrá
y se les volvió a 'cer humo
al fondo de la quebrá

LA VENGANZA DEL MINERO

Bajé de la mina un día
con una güena tucá
iba a cumplir mi palabra
de ver a la pior es ná
y de casarme con ella
con toa seguridá
la noche estaba más clara
quel agua de la queurá
los grillos hacían cuic
y los guarisapos cuac

Cuando pregunté por ella
me salen con la empaná
de que se había metío
con un julano de tal
casi me cagué de rabia
claro que no dije ná
pero juré por mi maire
seguirles la churretá

Una noche me los pillo
sin perro en una ramá
no dijo ni pío el ñato
cuando le di la topá
y a ella me la zampé
al fondo de la queurá

Muerta se veía más
bonita la reculiá
si parecía una novia
con su corona de azar
los grillos hacían cuic
y los guarisapos cuac

QUÉ GANA UN VIEJO CON HACER GIMNASIA

qué ganará con hablar por teléfono
qué ganará con hacerse famoso
qué gana un viejo con mirarse al espejo

Nada
hundirse cada vez más en el fango

Ya son las tres o cuatro de la madrugada
por qué no trata de quedarse dormido
pero no – dele con hacer gimnasia
dele con los llamaditos de larga distancia
dele con Bach
                    con Beethoven
                                        con Tchaikovsky
dele con las miradas al espejo
dele con la obsesión de seguir respirando

lamentable – mejor apagara la luz

Viejo ridículo le dice su madre
eres exactamente igual a tu padre
él tampoco quería morir
Dios te dé vida para andar en auto
Dios te dé vida para hablar por teléfono
Dios te dé vida para respirar
Dios te dé vida para enterrar a tu madre

¡Te quedaste dormido viejo ridículo!
pero el anciano no piensa dormir
no confundir llorar con dormir

DESCANSA EN PAZ

claro – descansa en paz
y la humedad?
                    y el musgo?
                                        y el peso de la lápida?
y los sepultureros borrachos?
y los ladrones de maceteros?
y las ratas que roen los ataúdes?
y los malditos gusanos
que se cuelan por todas partes
haciéndonos imposible la muerte
o les parece a ustedes que nosotros
no nos damos cuenta de nada…

estupendo decir descansa en paz
a sabiendas que eso no es posible
solo por darle gusto a la sin hueso

sepan que nos damos cuenta de todo
las arañas corriendo por las piernas
como Pedrito Lastra por su ca(u)sa
no nos permiten dudas al respecto
dejémonos de pamplinas
ante la tumba abierta de par en par
hay que decir las cosas como son:
ustedes al Quitapenas
y nosotros al fondo del abismo

1979

Macul con Irarrázaval
a 3 o 4 cuadras del Pedagógico
brumo
                    carabineros armados hasta los dientes
una mujer escarba la basura
autos pasan en todas direcciones
y los temibles plátanos orientales

esta ciudad está condenada a desaparecer

es el mundo me dicen
no te preocupes
es el año 1979

LOS 4 SONETOS DEL APOCALIPSIS

1

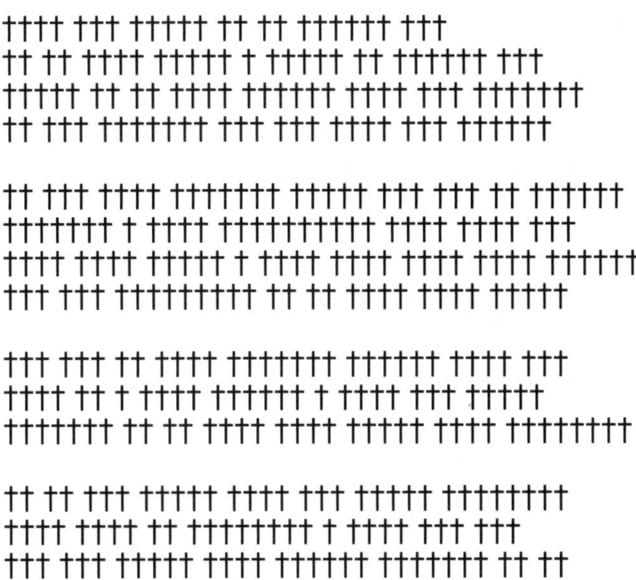

2

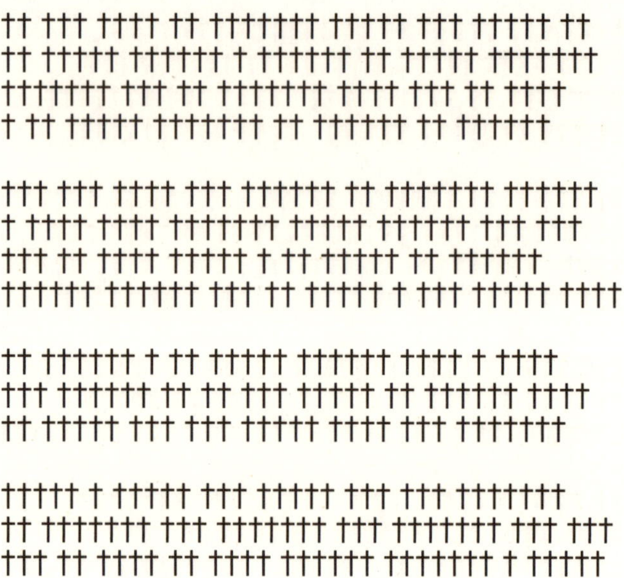

3

†††† ††† ††††† †† ††† †††††† †††
†† †† †††† ††††† † ††††† †† †††††† ††
††††† †† †† ††††† †††††† †††† ††† †††
†† ††† ††††††† ††† ††† †††† ††† † ††††

†† ††† †††† ††††††† ††††† ††† ††† ††
††††††† † †††† †††††††††† †††† †††† †††
†††† †††† †† †† † †††† †††† †††† †††
††† ††† ††††††† † †† †† †††† †††† ††††

††† ††† †† †††† ††††††† †††††† †††† †††
†††† †† † †††† †††††† † †††† ††† †††††
††††††† †† †† †††† †††† ††††† ††††

†† †† ††† ††††† †††† ††† ††††† † ††††††
†††† †††† †† †††††††† † †††† ††† †††
††† ††† ††††† †††† †††††† ††††††† ††

4

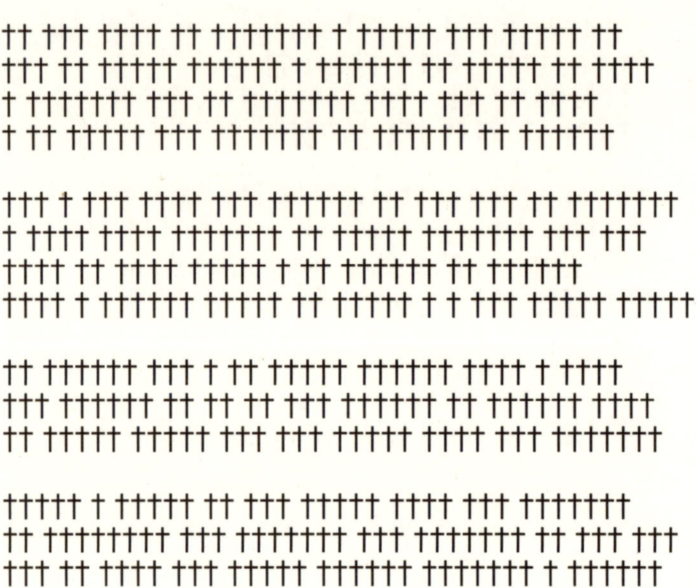

CAMBIOS

Cambio lola de 30
× 2 viejas de 15

Cambio torta de novia
× un par de muletas eléctricas

Cambio gato enfermo de meningitis
× aguafuerte del siglo XVIII

Cambio volcán en erupción permanente
× helicóptero poco uso

Cambio gato × liebre

Cambio zapato izquierdo × derecho

OJO CON EL EVANGELIO DE HOY

Ojo con el evangelio de hoy
el que habla no sabe
el sabio chino se mantiene en silencio
más de 3 sacudidas es página
2 paralelas que se cortan siempre
constituyen matrimonio perfecto
río que fluye contra su propia corriente
no llegará jamás a feliz término
todo está permitido
libertad absoluta de movimiento
claro que sin salirse de la jaula
2 + 2 no son 4:
                                fueron 4:
hoy no se sabe nada al respecto

SER O NO SER

he ahí el dilema
qué será preferible me pregunto
soportar los caprichos del destino funesto
o rebelarse contra ese mar de tribulaciones
y terminar con ellas para siempre

morir
dormir
no más
y por así decirlo con un sueño
poner fin a las cuitas del corazón
y a los miles de riesgos naturales
a que se expone la mísera carne
la tentación no puede ser mayor

morir
dormir
dormir: tal vez soñar
ah! ahí está la traba
puesto que en ese sueño de la muerte
lo que pudiera ser de nuestros sueños
una vez sacudida la mortal envoltura
nos detiene la mano
lo que explica
que esta miseria no termine nunca

quién estaría dispuesto a seguir sufriendo
las arbitrariedades del tirano
la burocracia de la justicia
los latigazos y la burla del tiempo
las convulsiones del amor despreciado
las insolencias de la fuerza bruta
los achaques de la vejez
y los desdenes que el trabajo honrado
recibe siempre de parte del cínico

cuando yo mismo puedo cancelarme
con una daga desnuda

por qué seguir sudando y refunfuñando
bajo la carga de una vida abyecta
solo porque el temor a la incógnita del más allá
ignorado país de donde nunca
ningún viajero regresa jamás
inmoviliza al espíritu
y nos obliga a vegetar en este valle de lágrimas
en vez de emigrar a otros desconocidos

así es como la conciencia hace realmente de nosotros unos cobardes
así es como el matiz original de una resolución
es empañado por el tinte pálido del pensamiento
el pensamiento paraliza la voluntad
y hasta los compromisos más solemnes
mueren en el instante de nacer

Ahí viene la bella Ofelia
                                        silencio
ninfa
        ahora y en la hora
ruega por este mísero pecador

EL PRINCIPIO DE ARQUÍMEDES

Un rey en viaje cae a un pozo profundo
nadie tiene la menor idea de cómo salvarlo
hasta que un paje llamado Arquímedes
recomienda comunicar el abismo
con una laguna de la vecindad
y el rey subió con el nivel del agua

YO ME SÉ TRES POEMAS DE MEMORIA

1

Alma no me digas nada
que para tu voz dormida
ya está mi puerta cerrada

Una lámpara encendida
esperó toda la vida
tu llegada
hoy la hallarás extinguida

Los fríos de la otoñada
penetraron por la herida
de la ventana entornada:
mi lámpara estremecida
dio una inmensa llamarada

Alma no me digas nada
que para tu voz dormida
ya está mi puerta cerrada

2

Era un pobre diablo que siempre venía
cerca de un gran pueblo donde yo vivía:
joven rubio y flaco
sucio y mal vestido
siempre cabizbajo tal vez un perdido
Un día de invierno lo encontraron muerto
dentro de un arroyo próximo a mi huerto
varios cazadores que con sus lebreles
cantando marchaban Entre sus papeles
no encontraron nada Los jueces de turno
hicieron preguntas al guardián nocturno
este no sabía nada del extinto
ni el vecino Pérez ni el vecino Pinto
Una chica dijo que sería un loco
o algún vagabundo que comía poco
y un chusco que oía las conversaciones
se tentó de risa ¡vaya unos simplones!
Una paletada le echó el panteonero
luego lió un cigarro se caló el sombrero
y emprendió la vuelta
Tras la paletada
nadie dijo nada nadie dijo nada

3

Tierra de Arauco tierra triste
tierra querida en que nací
es una queja inacabable
la de tu raza ayer feliz
Ya no está verde tu montaña
ya no es tu cielo de zafir
las mapuchitas ya no cantan
sobre la trama del tapiz
hasta los niños se diría
que se resisten a reír
los cisnes huyen de tus lagos
tus bosques gimen al dormir
y los copihues balancean
sus campanitas de rubí
como las lágrimas de sangre
que llora el indio al sucumbir

Tierra de Arauco tierra triste
nunca serás como te vi
mares remotos he cruzado
lenguas extrañas aprendí
la vida errante ya me cansa
pero tu imagen está en mí
como los árboles que fijan
en tus entrañas la raíz
Rucas en ruinas campos yertos
lanzas roídas del orín
ya no hay guerreros que combatan
el inca odiado venció al fin
Tierra de Arauco tierra triste
como la pena de partir
hay una sola
y es la pena
de regresar y verte así

VIOLACIÓN

Un sillón acusado
de faltarle el respeto a una silla
alegó que la silla
había sido la culpable de todo
se desnudó por propia iniciativa
mientras yo conversaba por teléfono
qué quería que hiciera señor juez
pero la silla dijo violación
y el acusado fue declarado culpable

LA MUERTE SUPERSÓNICA

pasa a toda velocidad
en dirección al Asilo de Ancianos
sin concederme la menor importancia
como si yo fuera un adolescente de labios rojos
a sabiendas que soy su prometido
y que ya no hago otra cosa que bostezar

muerte evasiva – muerte displicente
eres la más coqueta de todas

A PROPÓSITO DE ESCOPETA

Hay que pavimentar la cordillera
pero no con cemento ni con sangre
como supuse en 1970
hay que pavimentarla con violetas
hay que plantar violetas
hay que cubrirlo todo con violetas
humildad
                igualdad
                                fraternidad
hay que llenar el mundo con violetas

*

El jilguero chileno —creo yo—
tiene la obligación de mantenerse en silencio
mientras no recupere su libertad
y no pensar en nada que no sea
la libertad
                la puerta de la jaula
actos y no palabras deliciosas

o recupera su nombre de pájaro
que significa amor a la libertad
o se hace acreedor al de reptil

el colmo de los colmos
es ponerse a cantar versos de ciego
como si en Chile no ocurriera nada

*

Por sincero casi me jodo
por optimista me embromé
por compasivo – por humilde
recibo mi buen puntapié:

eso pasa por pelotudo
por andar predicando el bien

Menos mal que todo ha cambiado
ahora que robo a granel
medallas de oro y de plata
ahora que como por cien:
todos me respetan ahora
que no pido ni doy cuartel

Soy el regalón de la Chimba
ahora que perdí la fe
espero que me canonicen
de un momento a otro. Amén.

*

17 elementos subversivos
fueron sorprendidos ayer
en los alrededores de La Moneda
transportando naranjas
y un ejemplar de la Sagrada Biblia

3 de ellos se dieron a la fuga
no sin antes batirse con la policía
que se vio obligada a actuar en defensa propia

los delincuentes resultaron muertos

*

Dígase lupanar y no prostíbulo
meretriz en lugar de prostituta
Nuestro Señor
                    en vez de Jesucristo
Vía Láctea – nó Río Jordán

la palabra es el hombre
no diga nunca sol

diga astro rey
diga Pronunciamiento Militar
y verá cómo le suben los bonos

si dice golpe lo mirarán de reojo

feo decir bachicha
diga mejor ciudadano italiano
más respetuoso
mucho más cristiano

lo que oyen señoras y señores
el que dice corcel en vez de caballo
tiene su porvenir asegurado

*

Poesía poesía todo poesía
hacemos poesía
hasta cuando vamos a la sala de baño

palabras textuales del Cristo de Elqui

mear es hacer poesía
tan poesía como tañer el laúd
o cargar o poetizar o tirarse peos

y vamos viendo qué es la poesía

palabras textuales del Profeta de Elqui

*

Y por favor destruye este papel
la poesía te sigue los pasos
a mí también
a todos nosotros

LOS CUATRO ELEMENTOS

Comencé por casarme con la tierra
abrazos besos discusiones inútiles

me divorcié para volverme a casar
esta vez con una dama del aire
más liviana que el aire desde luego

nuevos abrazos nuevos besos apasionados

para abreviar la historia
fracasé como en el primer matrimonio
ya no recuerdo lo que sucedió
me embarqué en amores ilícitos con el sol
hasta que al fin apareció la mujer
un personaje de las mil y una noches
una mujer que parecía una diosa

Afrodita en persona

para abreviar la historia fracasé nuevamente
se me enredó la hélice en las raíces
casi me volví loco
no sé cómo no me suicidé
—todavía me puedo suicidar—
y ahora soy el esposo del agua

PRONUNCIANDO TU NOMBRE TE POSEO

no ganas nada con huir de mí
puesto que como dice el título de este poema
pronunciando tu nombre te poseo

GALERÍA DE PERSONAJES

Alrededores de Chillán, año 1927

El Perejil sin Hojas
El Culebrón
El Cebollino sin Huano
La Huacha Torres

El Chorizo
La Tuerca
La Acabo de Mundo

Otros protagonistas importantes:
El Perjume
que como su nombre lo indica
no se sacaba nunca los bototos
El Chicharrón
El Ángel
El Culeco

SIETE TRABAJOS VOLUNTARIOS
Y UN ACTO SEDICIOSO

1

el poeta lanza piedras a la laguna
círculos concéntricos se propagan

2

el poeta se sube a una silla
a darle cuerda a un reloj de colgar

3

el poeta lírico se arrodilla
ante un cerezo en flor
y comienza a rezar un padrenuestro

4

el poeta se viste de hombre rana
y se zambulle en la pileta del parque

5

el poeta se lanza al vacío
colgando de un paraguas
desde el último piso de la Torre Diego Portales

6

el poeta se atrinchera en la Tumba del Soldado Desconocido
y desde ahí dispara flechas envenenadas a los transeúntes

7

el poeta maldito
se entretiene tirándole pájaros a las piedras

Acto sedicioso

el poeta se corta las venas
en homenaje a su país natal

ALGO QUE NO CONVENCE EN ABSOLUTO

la doctrina del arte por el arte
la conjetura de Doménico Soto
hijo de un jardinero de Sevilla
la dictadura del proletariado
la paradoja hidrostática
los funerales de Su Santidad
y la colita minúscula del elefante

PARA ABREVIAR LA COSA

Para abreviar la cosa
dejo todos mis bienes
a beneficio del Matadero Municipal
a beneficio del Grupo Móvil
a beneficio de la Polla Gol

Y ahora pueden disparar si quieren

POEMAS DEL PAPA

1

Acaban de elegirme Papa
soy el hombre más famoso del mundo

2

Llegué a la cumbre de la carrera eclesiástica
ahora puedo morirme tranquilo

3

Los Cardenales están molestos conmigo
porque no los saludo como antes
¿demasiado solemne?
es que soy el Papa caramba

4

Mañana a primera hora
me traslado a vivir al Vaticano

5

Tema de mi Discurso:
Cómo Triunfar en la Carrera Eclesiástica

6

Felicitaciones a diestra y siniestra
todos los diarios del mundo
publican mi fotografía a primera página

algo que no se puede poner en duda
me veo mucho más joven de lo que soy

7

Nada de que admirarse
yo desde niño quería ser Papa
trabajé como fiera
hasta que se cumplieron mis deseos

8

¡Virgen del Perpetuo Socorro!
olvidé bendecir a la muchedumbre

III

MURIÓ

se dio vuelta pal rincón
estiró la pata
entregó la herramienta
se nos fue
se enfrió
dobló la esquina
pasó a mejor vida
cagó fuego
cagó fierro
cagó pila
recuperó su imagen inicial
se fue despaldel·loro
cagó pistola

no llore comadre
el compadre sabe lo que hace

entregó su alma al Señor
estiró la chalupa
pasó a decorar el Oriente Eterno.

PROYECTO DE TREN INSTANTÁNEO

entre Santiago y Puerto Montt

La locomotora del tren instantáneo
está en el lugar de destino (Pto. Montt)
y el último carro
en el punto de partida (Stgo.)

la ventaja que presenta este tipo de tren
consiste en que el viajero llega
instantáneamente a Puerto Montt en el
momento mismo de abordar el último carro
en Santiago

lo único que debe hacer a continuación
es trasladarse con sus maletas
por el interior del tren
hasta llegar al primer carro

una vez realizada esta operación
el viajero puede proceder a abandonar
el tren instantáneo
que ha permanecido inmóvil durante todo el trayecto

Observación: este tipo de tren (directo)
sirve solo para viajes de ida

MÓNICA SILVA

No diré lo contrario
Mónicas Silvas hay en cantidades
eso sí que cuál de todas más estupenda
sea rubia o morena
                                        decir Mónica Silva
es decir viva chile
es decir hasta verte cristo mío

Totalmente de acuerdo:
quién no tiene una Mónica Silva
en su currículum
único requisito ser soltero
o algo por el estilo

Incluso yo tuve mi Mónica Silva
fenomenal
                        ardiente como todas
y la perdí de puro pajarón
ahora sí que no tengo remedio

La verdad de las cosas
                                        es que en nuestro país
hay una gran variedad de Mónicas Silvas
eso sí que ninguna como la mía

EL HOMBRE IMAGINARIO

El hombre imaginario
vive en una mansión imaginaria
rodeada de árboles imaginarios
a la orilla de un río imaginario

De los muros que son imaginarios
penden antiguos cuadros imaginarios
irreparables grietas imaginarias
que representan hechos imaginarios
ocurridos en mundos imaginarios
en lugares y tiempos imaginarios

Todas las tardes tardes imaginarias
sube las escaleras imaginarias
y se asoma al balcón imaginario
a mirar el paisaje imaginario
que consiste en un valle imaginario
circundado de cerros imaginarios

Sombras imaginarias
vienen por el camino imaginario
entonando canciones imaginarias
a la muerte del sol imaginario

Y en las noches de luna imaginaria
sueña con la mujer imaginaria
que le brindó su amor imaginario
vuelve a sentir ese mismo dolor
ese mismo placer imaginario
y vuelve a palpitar
el corazón del hombre imaginario

UN ABOGADO DE SU PROPIA CAUSA

llega a una tumba equis
del Cementerio Metropolitano
con un ramito de claveles rojos
Se descubre con gran solemnidad
y a falta de florero deposita su ofrenda
en un modesto tarro duraznero
que sustrae de una tumba vecina

EL PAPÁ LA MAMÁ LOS 7 PATITOS

aguas arriba como si tal cosa
pinos a la distancia
la silueta del puente en la penumbra
y una lágrima a punto de caer

el paisaje perfecto —sin ironía—
que no reniega de la tarjeta postal
en las propias narices del poeta

DEBAJO DE MI CAMA

tengo enterrada a mi esposa legítima

la maté en un rapto de ira
hace una porrada de años

a medianoche despierto sobresaltado
tengo frío señora
por qué no sube a calentarme los huesos

ella jamás se hace de rogar
por el contrario sube motu prop(r)io
cuando yo no la llamo puntualmente

y se abalanza sobre mi cadáver
y me despierta a abrazos y besos
y parecemos un trigal en llamas

DESVALIJEMOS A ESTE VIEJO VERDE

tú le sacas el lápiz
mientras yo le sustraigo la corbata
no le dejemos piedra sobre piedra
yo le extraigo los dientes amarillos
sácale tú los calcetines de lana

y comenzaron a robarle toda la plata
le robaron un litro de bencina
dos o tres metros de papel higiénico
cuatro sobres aéreos
toda su biblioteca pornográfica
siete manzanas – ocho huevos duros
media docena de claveles rojos
nueve cajas de fósforos
y una barbaridad de alfileres de gancho

hasta que el viejo pillo despertó
y las hizo ponerse en cuatro patas

AMOR NO CORRESPONDIDO

(huainito)

Bajando de Machu Picchu
perlas challay
me enamoré de una chola
chiguas challay
más linda que una vicuña
perlas challay
pero ella no me hizo caso
palomitay!

Eres demasiado viejo
perlas challay
me dijo y huyó riendo
chiguas challay
y yo me quedé pensando
perlas challay
qué cosas tiene la vida
palomitay!

Mejor que me vuelva a Chile
perlas challay
donde me espera mi vieja
chiguas challay
con mis 7 ratoncitos
perlas challay
y aquí no ha pasado nada
huifayayay!!!

SANTIAGO A LA VISTA

De modo que este es el cacareado Santiago de Chile
ese su cacareado San Cristóbal
aquella luz el cacareado río Mapocho
No puede ser – estoy soñando despierto
Pucha máquina Nuria Nuiry
qué sería de mí sin esta ciudad

CLARA SANDOVAL

Qué mujer esta Clara Sandoval

del Zanjón de la Aguada a Gath & Chávez
de Gath & Chávez a la Casa Francesca
de la Casa Francesca a la Recova
de la Recova a la Gota de Leche

todos los días hábiles del año

de la Gota de Leche al Zanjón de la Aguada

cuando no se la ve detrás de su máquina
cose que cose y vuelta a coser
—hay que dar de comer a la familia—
quiere decir que está pelando papas
o zurciendo
                o regando las flores
o lavando pañales infinitos

no le pide peras al olmo
sabe que se casó con un bohemio

la salud es su único problema:
al enhebrar la aguja
frunce los ojos para ver un poco
los anteojos son caros
y esas enfermedades de señora...

pero ella no pierde la paciencia:
kilómetros de casineta
siguen saliendo de sus manos mágicas
transformadas en nubes de pantalones baratos
hacia los cuatro puntos cardinales

prohibido dormirse en los laureles
mientras más sufrimiento
más energía para seguir en la rueda

para que el Tito pueda irse al Liceo
para que la Violeta no se muera

y todavía le queda tiempo para llorar
a esta viuda joven y buenamoza
que pasará a la historia
como la madre menos afortunada de Chile

y todavía le queda tiempo para rezar

EL PREMIO NOBEL

El Premio Nobel de Lectura
me lo debieran dar a mí
que soy el lector ideal
y leo todo lo que pillo:

leo los nombres de las calles
y los letreros luminosos
y las murallas de los baños
y las nuevas listas de precios

y las noticias policiales
y los pronósticos del Derby

y las patentes de los autos

para un sujeto como yo
la palabra es algo sagrado

señores miembros del jurado
qué ganaría con mentirles
soy un lector empedernido
me leo todo – no me salto
ni los avisos económicos

claro que ahora leo poco
no dispongo de mucho tiempo
pero caramba que he leído

por eso pido que me den
el Premio Nobel de Lectura
a la brevedad imposible

EL POETA Y LA MUERTE

A la casa del poeta
llega la muerte borracha
ábreme viejo que ando
buscando una oveja guacha

Estoy enfermo – después
perdóname vieja lacha

Ábreme viejo cabrón
o vai a mohtrar l'hilacha?
por muy enfermo quehtí
teníh quiafilame l'hacha

Déjame morir tranquilo
te digo vieja vizcacha

Mira viejo dehgraciao
bigoteh e cucaracha
anteh de morir teníh
quechame tu güena cacha

La puerta se abrió de golpe:
Ya – pasa vieja cufufa
ella que se le empelota
y el viejo que se lo enchufa

CANTO PRIMO

En mitad del camino de la vida
me extravié en una selva tenebrosa
por internarme en tierra prohibida

solo de recordarlo
se me ponen los pelos de punta:
un león una loba y una pantera
—miserere di me—
me miraban como queriendo desayunarse conmigo

suerte que el gran Tomás[4]
apareció en el momento preciso
de lo contrario no estoy contando la historia

4. Lago.

COITUS INTERRUPTUS

Zeus se enamoró de una mortal
y no pudiendo pernoctar con ella
puesto que la belleza dijo nó
decidió transformarse en avechucho
desesperado por aplacar su pasión
aunque fuese bajo la forma de pájaro

ella que era aficionada a las aves
se enamoró locamente del cisne
y se le abrió de piernas al instante
sin sospechar siquiera la burla de que era objeto

la dureza del miembro sin embargo
la longitud y el diámetro del miembro
delataron a Júpiter tonante
en los estertores del acto sexual
y el ingenioso dios o lo que fuere
tuvo que eyacular en el vacío

ADVIERTO

lo primero que en todo lo que escribo
me sujeto del ala de una mosca

lo segundo que en todo lo que escribo
me sujeto del ala de una mosca
mejor dicho me aferro con dientes y muelas

lo tercero que en todo lo que escribo
me sujeto del ala de una mosca

etc., etc.

LA PATRONA IDEAL

La señora Totó tampoco es la patrona ideal. A la Elena la enfermó de los nervios. Una está haciendo una cosa y la manda a otra. A Raúl lo tenía encerando y lo mandó a lavar cortinas. El maestro gásfiter estaba poniéndole un lavaplatos y lo mandó a hacer una cama. Por eso la gente no quiere trabajar con ella. Y tampoco le gusta pagar.

YO SOY MÁS DE LA REINA QUE DE LA ISLA

mucho más de Chillán que de Santiago
más de Valparaíso que de Viña
más de los extramuros que del centro

yo soy más dadaísta que anarquista
más anarquista que socialdemócrata
más socialdemócrata que estalinista

creo más en el verbo que en la acción
pero no se me juzgue por lo que digo
sino por lo que dejo de decir

NOTA SOBRE LA LECCIÓN DE LA ANTIPOESÍA

1. En la antipoesía se busca la poesía, no la elocuencia.
2. Los antipoemas deben leerse en el mismo orden en que fueron escritos.
3. Hemos de leer con el mismo gusto los poemas que los antipoemas.
4. La poesía pasa – la antipoesía también.
5. El poeta nos habla a todos sin hacer diferencia de nada.
6. Nuestra curiosidad nos impide muchas veces gozar plenamente la antipoesía por tratar de entender y discutir aquello que no se debe.
7. Si quieres aprovechar, lee de buena fe y no te complazcas jamás en el nombre del literato.
8. Pregunta con buena voluntad y oye sin replicar la palabra de los poetas: no te disgusten las sentencias de los viejos pues no las profieren al acaso.
9. Saludos a todos.

QUIÉN ES EL QUE VIENE AHÍ

que no es mi viejito feo?
—quién otro va a ser mijita...
—pase por aquí papá
qué bueno que haya venido
adónde quiere sentarse
en la silla o en el piso
—en las dos cosas mijita...
—y qué se quiere servir
hay té café y chocolate
—de las tres cosas mijita...
—con pan o con sopaipillas?
—con pan y con sopaipillas...
—y por qué llora mi viejo
—lloro por mi vieja ingrata
que se fue y no me llevó...
—no llore más papacito
—cómo no voy a llorar...

IDILIO

Esta señora amable
                                        respetuosa
culta
          con gran dominio de sí misma
separada de bienes y de males
aparece y desaparece
con una regularidad digna de mejor causa

pero yo soy un pánfilo
que no va más allá del beso en la frente
salvo contadísimas ocasiones

imagino las noches maravillosas que pasaríamos juntos
intercambiando planchas de dientes

ESTACIÓN CENTRAL

enero de 1932
a la derecha la Avenida de las Delicias
el Hotel Alameda
con sus balcones de fierro forjado
la plazoleta de los carros eléctricos
a la izquierda la Avenida Ecuador
atestada de comerciantes minoristas
—huele intensamente a amoníaco—
una hilera de álamos andrajosos
avanza hacia el centro de la ciudad
acaba de llegar el tren del sur
empieza a oscurecer
hormigueo de taxis fantasmagóricos
al norte los Depósitos de Ferrocarriles

ALGO POR EL ESTILO

Parra se ríe como condenado
¡cuándo no se rieron los poetas!
a lo menos declara que se ríe

pasan los años pasan
los años
a lo menos parece que pasaran
hipótesis non fingo
todo sucede como si pasaran

ahora se pone a llorar
olvidando que es antipoeta

*

No se sigan rompiendo la cabeza
las poesías no las lee nadie
da lo mismo que sean buenas o malas

*

Cuatro defectos que mi Dulcinea no me perdona:
viejo
roto
comunista
y Premio Nacional de Literatura

«mi familia te podría perdonar los
tres primeros
pero no el último»

*

Mi cadáver y yo
nos entendemos a las mil maravillas
Mi cadáver pregunta ¿crees en Dios?
y yo respondo con un NO de pecho
mi cadáver pregunta crees en el gobierno?
y yo respondo con la hoz y el martillo
mi cadáver pregunta crees en la policía?
y yo respondo con un recto al mentón
Entonces él se levanta del ataúd
y nos vamos del brazo al altar

*

El verdadero problema de la filosofía
es quién lava los platos

nada del otro mundo

Dios
        la verdad
                        el transcurso del tiempo
claro que sí
pero primero quién lava los platos

el que quiera lavarlos que los lave
chao pescao
                    y tan enemigos como antes

*

Tarea para la casa
redactar un soneto
                        que comience con el siguiente
endecasílabo:
                    Yo prefiero morir antes que tú
y que termine con el siguiente:
                    Yo prefiero que tú mueras primero

*

Saben lo que pasó
mientras yo me encontraba arrodillado
frente a la cruz
                    mirando sus heridas?

¡me sonrió y me cerró un ojo!

yo creía que Él no se reía:
ahora sí que creo de verdad

*

Un anciano decrépito
lanza claveles rojos
al ataúd de su sra madre

lo que oyen sras y sres
un anciano beodo
bombardea la tumba de su madre
con serpentinas de claveles rojos

*

Yo dejé los deportes por la religión
(oía misa todos los domingos)
abandoné la religión por el arte
el arte por las ciencias exactas

hasta que se produjo la iluminación

Ahora soy un simple transeúnte
que desconfía del todo y sus partes

DECLARACIÓN DE PRINCIPIOS

Me declaro católico ferviente
no comulgo con ruedas de carreta

me declaro discípulo de Marx
eso sí que me niego a arrodillarme

capitalista soy de nacimiento
loco por las perdices escabechadas

me declaro discípulo de Hitler
eso sí que rechazo las imitaciones

soy un agente clandestino soviético
no me confundan eso nó con el Kremlin

en resumidas cuentas
                                        me declaro fanático total
eso sí que no me identifico con nada

la palabra Dios es una interjección
da lo mismo que exista o que no exista

EL ANTI-LÁZARO

Muerto no te levantes de la tumba
qué ganarías con resucitar
una hazaña
                    y después
                                        la rutina de siempre
no te conviene viejo no te conviene

el orgullo la sangre la avaricia
la tiranía del deseo venéreo
los dolores que causa la mujer

el enigma del tiempo
las arbitrariedades del espacio

recapacita muerto recapacita
que no recuerdas cómo era la cosa?
a la menor dificultad explotabas
en improperios a diestra y siniestra

todo te molestaba
no resistías ya
ni la presencia de tu propia sombra

mala memoria viejo ¡mala memoria!
tu corazón era un montón de escombros
—estoy citando tus propios escritos—
y de tu alma no quedaba nada

a qué volver entonces al infierno del Dante
¿para que se repita la comedia?
qué divina comedia ni qué 8/4
voladores de luces – espejismos
cebo para cazar lauchas golosas
ese sí que sería disparate

eres feliz cadáver eres feliz
en tu sepulcro no te falta nada
ríete de los peces de colores

aló – aló me estás escuchando?

quién no va a preferir
el amor de la tierra
a las caricias de una lóbrega prostituta
nadie que esté en sus 5 sentidos
salvo que tenga pacto con el diablo

sigue durmiendo hombre sigue durmiendo
sin los aguijonazos de la duda
amo y señor de tu propio ataúd
en la quietud de la noche perfecta
libre de pelo y paja
como si nunca hubieras estado despierto

no resucites por ningún motivo
no tienes para qué ponerte nervioso
como dijo el poeta
tienes toda la muerte por delante

DE *LEAR, REY & MENDIGO*

2004

LEAR[5]

Perfecto: que la verdad sea tu dote entonces
Porque por los sagrados resplandores del sol
Por la diosa maldita de la luna y la noche
Por el flujo y reflujo de los mundos
Que determinan la vida y la muerte
Aquí
Dejo de ser el padre de esta hija.
Desconozco todo tipo de vínculo
Todo grado de consanguinidad o parentesco.
De hoy en adelante y para siempre
Tente por una extraña
A mi persona y a mi corazón.
El fiero Escita
O el que no respeta ni a su propia ralea
Para saciar su voraz apetito
Serán tan bienvenidos como tú.
Tanto refugio tanto consuelo como tú hallarán
En mi pecho
Oh hija de otro tiempo.

5. Del acto I, escena 1.

LEAR[6]

Te lo diré
(A Goneril.)
Vida y muerte
Qué vergüenza más grande
Qué humillación para mi virilidad
Soy incapaz de contener las lágrimas.
Indigna de mis lágrimas!
Ventoleras y nieblas
Soplen y se descarguen sobre ti
Las profundas heridas de mi maldición de padre
Lleguen a lo más hondo de tu alma
Ojos viejos estúpidos. Si vuelven a llorar
Me los arrancaré
Y los arrojaré lejos de mí.
Que el agua de mis ojos
Sirva para fraguar la arcilla al menos.
A esto hemos llegado? Bien. Así sea.
Tengo otra hija
Cariñosa y gentil estoy seguro.
Cuando sepa esto de ti
Desollará con sus uñas esa cara de lobo.
Ya verás cómo recupero la forma
Que supones perdida para siempre.
Lo verás: te lo garantizo.
(Salen Lear, Kent y acompañantes.)

6. Del acto I, escena 4.

KENT[7]

Por granuja por pícaro por tragasobras
Despreciable
engreído
miserable
Eres un delator
un hijo de puta
Presumido
rastrero
zalamero
Sangre de horchata
Arribista cobarde
Caballero nonato de cincuenta libras
Holgazán insolente
Cuya hacienda cabe en una maleta
Tres tristes trajes al año
Patas hediondas
Empañador de espejos
Sí
Lacayo experto en genuflexiones
Pero que no es más que un engendro ruin
De granuja alcahuete
Cabrón
Hijo y nieto de perra descastada.
Te daré una paliza hasta hacerte chillar
Si te atreves
A negar una sílaba de tu currículum.

7. Del acto II, escena 2.

LEAR[8]

Volver a ella? Y con cincuenta de menos?
No.
Antes renunciaría a todos los techos.
Prefiero batirme con la hostilidad del viento.
Ser amigo del lobo y la lechuza.
La necesidad tiene cara de hereje.
Volver a ella!
Con el mismo criterio me podrían llevar
Ante el acelerado Rey de Francia
Que se casó con una hija sin dote
A suplicar de rodillas una pensión de gracia
Como lo hace un escudero cualquiera
Para seguir viviendo una vida misérrima.
Volver a ella! Será mejor persuadirme
Que me haga esclavo o bestia de carga
De este caballerizo despreciable.
(Señala a Oswald.)

GONERIL
Como prefiera señor.

LEAR
Te ruego hija que no me saques de quicio.
No te molestaré más hija mía. Adiós.
No volveremos a encontrarnos más.
Nunca más volveremos a vernos.
Y sin embargo eres mi propia carne.
Mi sangre mi hija
O más bien un achaque de mi carne
Que yo debo seguir llamando mío.
Tú eres un divieso

8. Del acto II, escena 4.

Un tumor purulento
Un furúnculo pestilente
En mi corrupta sangre.
Pero yo no te voy a reprender.
Que la vergüenza llegue cuando llegue.
Yo no la llamo.
Yo no pido que actúe el dios del Trueno.
Ni iré con cuentos a la alta justicia de Júpiter.
Enmiéndate cuando puedas
Según el ritmo de tu propio albedrío.
Yo sé tener paciencia. Puedo quedarme con Regan.
Yo y mis cien caballeros.

LEAR[9]

No se trata de necesidad.
Hasta el último de los mendigos
Se permite algo superfluo entre sus míseros bienes.
No concedáis a la naturaleza
Más de lo estrictamente indispensable
Y la vida del hombre
Se verá reducida a la del bruto.
Eres una dama.
Si la naturaleza no te exige
Vestidos finos para guarecerte del frío
A qué vienen esos ropajes tan primorosos
Que apenas pueden mantenerte tibia?
Ahora si se trata de necesidad verdadera...
Que el cielo me dé paciencia
La paciencia que tanto necesito!
Dioses aquí tenéis a un pobre viejo
Tan cargado de penas como de años
Es decir doblemente desdichado!
Si sois vosotros quienes movilizáis
El corazón del hijo contra el padre
No permitáis que sea tan estúpido
Como para aceptarlo a cabeza gacha.
Inspiradme una cólera noble.
No dejéis que mi rostro de hombre se manche
Con implorantes lágrimas mujeriles.
Nó arpías desnaturalizadas.
Mi venganza va a ser de tal magnitud
Que el mundo entero... Sí: lo haré.
Todavía no sé lo que voy a hacer
Pero va a ser el terror de la tierra.
Ustedes creen que voy a ponerme a llorar
Nó, no lloraré.

9. Del acto II, escena 4.

(Tormenta y tempestad.)
Tengo sobrados motivos para llorar.
Mi corazón explotará en mil pedazos
Antes que yo me ponga a llorar.
Bufón.
Terminaré volviéndome loco.

LEAR[10]

Te parece excesivo
Que esta tempestad pendenciera
Nos perfore los huesos.
Eso será lo que te pasa a ti.
Quien sufre de males mayores
Apenas se da cuenta de los menores.
Huimos de un oso
Pero si en nuestra fuga desesperada
Vamos a dar a un mar embravecido
Nos lanzamos a las fauces del oso.
Cuando la mente está libre
El cuerpo se torna más sensitivo.
La tempestad que agita a mi alma
No permite que mis sentidos perciban
Otra cosa
Que los latidos de mi corazón:
Ingratitud filial!
No es como si esta boca triturara esta mano
Por llevarle alimento?
Pero yo pronto las castigaré.
No. No lloraré más.
Echarme puerta afuera
En una noche como esta.
Que prosiga la lluvia. Resistiré
En semejante noche como esta.
Oh Regan Oh Goneril
A vuestro bondadoso padre anciano
Que lo dio todo a corazón abierto.
Oh ese es el camino de la demencia
Hay que evitarlo. No más, basta!

10. Del acto III, escena 4.

KENT
Sí mi Lord. Entrad.

LEAR
Te ruego que entres tú.
Busca tu propio alivio
La tempestad a mí no me dará tregua
Para pensar en cosas más dolorosas.
Pero entraré.
Pasa muchacho. Tú primero.
Miseria sin techo.
Vamos entra.
Primero rezaré y después dormiré.
(Entra Fool.)
Pobres descamisados miserables.
Dondequiera que estéis
Bajo la férula de esta tormenta despiadada
Cómo podrán vuestras testas sin techo
Vuestros estómagos vacíos
Vuestros andrajos llenos de agujeros
Protegeros de un tiempo como este.
Oh qué poco me he preocupado de esto!
Remedio contra el lujo: que el magnate
Experimente en carne propia
Los sufrimientos del pobre infeliz
Para que vea con sus propios ojos
Que lo superfluo debe ir a ellos: A los pobres!
El cielo así parecerá más justo.

LEAR[11]

Tú estarías mejor en la tumba
Que respondiendo con tus desnudeces
A las extravagancias del cielo.
Esto es el hombre? Nada más que esto?
Obsérvalo bien.
(Al Fool.)
Tú no le debes seda al gusano
(A Edgar.)
Ni piel a ningún animal
Lana tampoco a la oveja
Menos aún perfume al almizcle.
Aquí tenemos tres sofisticados
En cambio tú eres la cosa tal cual
El hombre en sí
Reducido a su mínima expresión
Andrajoso descalzo como tú
No es otra cosa que un animal en dos patas
Fuera con los paramentos ajenos.
Ya.—

11. Del acto III, escena 4.

LEAR[12]

Y al ser humano huir del perro vil?
Ahí tenemos para ser contemplada
La gran imagen de la Autoridad:
Perro que desempeña un cargo público
Perro digno de todo respeto.
Oficial depravado
Retén tu mano sangrienta!
Por qué azotas a esa prostituta.
Desnuda tus propias espaldas.
Ardes de ganas
De cometer con ella el mismo delito
Que pretendes estar castigando.—
El usurero manda a colgar al tramposo.
Los andrajos permiten ver los vicios
Que la púrpura mantiene en secreto.
Enchapad el delito con oro
Y la severa lanza de la justicia
Se quiebra sin herir.
Cúbrasele de andrajos
Y un pigmeo los hiende con una paja.
Nadie es culpable. Nadie digo yo.
Yo los absuelvo a todos.
Encuéntrale razón amigo
A quien tiene el poder
De cerrarle la boca al delator
Consíguete unos ojos de vidrio
Y simula que ves lo que no ves
Como lo hace el político ruin.
Ya ya ya ya.
Sáquenme las botas. Fuerte más fuerte. Eso es.

12. Del acto IV, escena 6.

EDGAR
(Aparte.)
Oh
Sabiduría y desatino juntos
Lucidez en medio de la locura.

LEAR
Si te place llorar mis infortunios
Ahí tienes mis ojos
Te conozco muy bien: tu nombre es Gloucester.
Debes tener paciencia.
A este mundo se llega llorando.
Lo primero que hacemos
Al oler aire por primera vez
Es gemir y llorar dime que nó.
Seguiré con mi prédica. Aún no termino.

GLOUCESTER
(Con un hondo suspiro.)
Aaaay esta vida!

LEAR
En el momento de nacer
Anunciamos a gritos nuestra llegada
A este gran circo gran.
Este es un buen material.
(Tocando la vestimenta de Gloucester.)
No sería mala idea
Herrar un caballo con herraduras de terciopelo
Para que no las oiga el enemigo.
Haré la prueba
Y una vez que los tome por sorpresa
A esos yernos míos
Matar matar matar matar matar!

(Entra un Gentleman escoltado.)

GENTLEMAN
Oh. Aquí está. Que no se nos escape. —Señor
Vuestra hija más querida—

LEAR
Nadie me auxilia? Cómo, yo prisionero?
Sigo siendo el payaso de la suerte
Tratadme bien. Alguien pagará mi rescate.
Necesito ver un doctor.
Mi cerebro ya no da para más.

GENTLEMAN
Tendréis de todo.

LEAR
Nadie me secunda? Yo solo contra todos?
Cómo es esto? Quieren que estalle en lágrimas
Y usar mis ojos como regaderas...
Sí
Para aplacar el polvo del otoño.

GENTLEMAN
Buen señor,—

LEAR
Moriré con la sonrisa en los labios
Como un novio ataviado para la boda.
Veréis con qué jovialidad.
Acérquense acérquense. Soy Rey.
No lo sabían los señores presentes?

GENTLEMAN
Sois un personaje real y estamos a vuestras órdenes.

LEAR
Entonces todavía hay esperanza.
Pero os advierto que este Rey tiene piernas
Y tendréis que correr para alcanzarlo.
A ver a ver a ver a ver a ver.
(Sale corriendo seguido por los del séquito.)

DE *DISCURSOS DE SOBREMESA*

2006

MAI MAI PEÑI

Discurso de Guadalajara

1991

Nos salvamos juntos
o nos hundimos separados.

JUAN RULFO,
México y los mexicanos

I

SEÑORA CLARA APARICIO

Vi(u)da de Rulfo
Distinguidas autoridades
Señoras y señores:

Un amigo que acaba de morir
Me sugirió la idea
De renunciar al proyecto de discurso académico
Basándose en el hecho
De que ya nadie cree en las ideas:

Fin de la historia
Arte y filosofía × el suelo

Lo que debes hacer
Es leer tus antipoemas me dijo Carlos Ruiz-Tagle
De preferencia
Los que se relacionan con la muerte
La muerte tiene la vara muy alta en México:
Rulfo te aplaudirá desde la tumba

II

HAY DIFERENTES TIPOS DE DISCURSOS

Qué duda cabe
El discurso patriótico sin ir + lejos

Otro discurso digno de mención
Es el discurso que se borra a sí mismo:

Mímica × un lado
Voz y palabra × otro

Vale la pena recordar también
El discurso huidobriano de una sola palabra
Repetida hasta las náuseas
En todos los tonos imaginables

El lector estará de acuerdo conmigo no obstante
En que se reducen a dos
Todos los tipos de discursos posibles:

Discursos buenos y discursos malos

El discurso ideal
Es el discurso que no dice nada
Aunque parezca que lo dice todo
Mario Moreno me dará la razón

III

DE HECHO YO ESTABA PREPARÁNDOME

Para pronunciar dos discursos a falta de uno
Como buen discípulo de Macedonio Fernández

× una parte proyectaba pronunciar
El último discurso malo del siglo XX
Y a renglón seguido
El primer discurso bueno del siglo XXI
Cuando me crucé con Carlos Ruiz-Tagle
Que cayó muerto en la vía pública
Mientras se dirigía a su oficina

Pergeñar el primer discurso bueno
Para un orador nato como el que habla
En la práctica no resulta nada del otro mundo
Basta con plagiar al pie de la letra
A Hitler a Stalin al Sumo Pontífice

Lo difícil es redactar el último malo
Porque no faltará alguien
Que salga con otro peor

Estoy sentado al escritorio
A mi izquierda los manuscritos del último discurso malo
A mi derecha los del primer discurso bueno
Acabo de redactar una página
Mi problema es el siguiente
Dónde la deposito madre mía!
A la izquierda? a la derecha?

Caution
El cadáver de Marx aún respira

IV

A DECIR VERDAD

Uno de los discursos posibles
Podría empezar así:

Señoras & señores
Antes de proceder a dar las gracias
× este premio tan inmerecido
Quiero pedir licencia para leer
Unas notas tomadas al vuelo
Mientras me acostumbraba a la noticia
Lo que no quiere decir
Que no pudiera comenzar asá:

Señoras & señores:
Por lo común los discursos de sobremesa
Son buenos pero largos
El mío será malo pero corto
Cosa
Que no debiera sorprender a nadie
Soy incapaz de juntar dos ideas
Es × eso que me declaro poeta
De lo contrario hubiera sido político
O filósofo o comerciante

V

PARA ENTRAR EN CONFIANZA

Permítaseme recordar unos versos de ciego
Que encontré en una tumba abandonada
Hacen sus buenos años
en el norte de Chile ↑
En Monte Grande para ser + preciso
Me parece que vienen al caso:

Yo soy Lucila Alcayaga
Alias Gabriela Mistral
Primero me gané el Nobel
Y después el Nacional

A pesar de que estoy muerta
Me sigo sintiendo mal
Porque nunca me entregaron
El Premio Municipal

El poeta como guía turístico dirán ustedes
El poeta como maestro de ceremonias
El poeta como operador cibernético:
Tal cual

Y ahora cumpliré la palabra empeñada
Ante mi gran amigo Carlos Ruiz-Tagle
Que cayó muerto en la vía pública
Mientras se dirigía a su domicilio

Todos vamos en esa dirección

VI

PEDRO PÁRAMO

Guadalajara en un llano
México en una laguna

1

No pienses más en mí Susana
Te lo suplico
Sabes perfectamente que estoy muerto
30 años que llevo bajo tierra
Tu segundo marido sufre mucho por ti
Terminará volviéndose loco
Si continúas tú delirando conmigo
Ordenará matarte seguramente
Sabes que es un hombre decidido
Nunca lo llamas por su propio nombre
No puede ser Susana
No puede ser
En vez de Pedro le dices Florencio
Y en el momento más inoportuno…

2

Yo también estoy muerta Florencio
Tengo la boca llena de tierra
Pero me es imposible olvidarme de ti
Tú me descuartizaste
No siento nada por Pedro Páramo
Si me casé con él fue de puro miedo
Tú lo sabes perfectamente bien
Nos hubiera hecho matar a todos

3

Susana amor mío!

4

Te repito Susana
Que no me digas más Bartolomé
Soy tu padre
Bartolomé San Juan
Y tú eres mi hija legítima

Acaban de matarme Susana
Por orden de tu propio marido
Celos...
Alguien le dijo que éramos amantes
Solo quería despedirme de ti
Perdona que te importune
Mi cadáver está a medio camino
Entre Sayula y Comala me oyes?
Ay!
Los zopilotes ya me arrancaron los ojos
Si te parece da cuenta a la comandancia
Para que se me entierre como es debido

VII

NO COMETERÉ LA TORPEZA

De ponerme a elogiar a Juan Rulfo
Sería como ponerse a regar el jardín
En un día de lluvia torrencial

Una sola verdad de Perogrullo:
Perfección enigmática
No conozco otro libro + terrible

Pedro Páramo dice Borges
Es una de las obras cumbres
De la literatura de todos los tiempos

Y yo le encuentro toda la razón

VIII

RULFO NOS DA UNA IMAGEN DE MÉXICO

Los demás se reducen a describir el país
A eso se refiere Paz
Cuando *digo* que Juan hay uno solo

IX

NI MACEDONIO FUE TAN ARGENTINO

Tan chileno
tan indio
tan peruano
Tan boliviano tan ecuatoriano
Tan auténticamente mexicano
Los entendidos tienen razón esta vez

Otro camino + directo no hay

X

FUMABA TANTO O MÁS QUE LA MISTRAL

Algo que a mí me pone los pelos de punta
Soy asmático de nacimiento
Por eso nunca pude hablar con él

Se me acercó una vez en Viña del Mar
A felicitarme × un poema que no era mío
No supe qué decirle
Me confundí
Y el pobre Juan también se confundió
Primera y última vez
No volvimos a vernos nunca +
Hasta este momento
En que él me sonríe desde Comala

XI

GENTE + PREPARADA QUE NOSOTROS

Ha dicho que Rulfo viene del Norte
Discrepo
Rulfo viene del Sur
Rulfo viene directamente del vientre materno
Rulfo viene del fondo de sí mismo
De Jalisco
        de Mérida
                de Guadalajara
Lo siento mucho Mister No Sé Cuánto
Rulfo no viene: va
Rulfo viene de vuelta de todos los archipiélagos

XII

RESERVADO

lacónico
Quitado de bulla
Tímido
sin delirio de grandeza
+ parecía monje taoísta
Que compatriota de Pedro Zamora

No se sabe qué es + admirable
Si el autor o la obra que dejó
Tanto vale la persona de Juan!
Un hombre como Rulfo
No podía hacer otra cosa
Que escribir esa biblia mexicana

Fuera de José María Arguedas
Y del inconmensurable cholo Vallejo
Pocos son los que pueden compararsele

XIII

MENTIRÍA SI DIGO QUE ESTOY EMOCIONADO

Traumatizado es la palabra precisa
La noticia del premio
                                        me dejó con la boca abierta
Dudo que pueda volver a cerrarla

XIV

QUÉ SE HACE EN UN CASO COMO ESTE

× + que me pellizco no despierto
Me siento como alguien que se saca el gordo de la lotería
Sin haber comprado jamás un boleto
Sin compadres
                    sin santos en la corte
No quedo en deuda con ninguna *maffia*
A sangre fría
                  como debe ser
Alabado sea el Santísimo
Los *envidioses* que se vayan al diablo
Y a *nosotros* que me erijan un monumento
O no dicen ustedes…

XV

ESPERABA ESTE PREMIO?

No
Los premios son
Como las Dulcineas del Toboso
Mientras + pensamos en ellas
+ lejanas
              + sordas
                            + enigmáticas

Los premios son para los espíritus libres
Y para los amigos del jurado

Chanfle
No contaban con mi astucia

XVI

VEN?

Alguien anda diciendo × ahí
Que el premiado no está a la altura del premio
Falta de cantidad y calidad
Hay × lo menos una docena
De candidatos muy superiores a él
Y yo le encuentro toda la razón[13]

Sé perfectamente
Que este no es un premio para mí
Sino un homenaje a la poesía chilena
Y lo recibo con mucha humildad
En nombre de todos los poetas anónimos

13. Arreola, Cardenal, etc., etc.

XVII

UNA SOLA ADVERTENCIA

Si se trata de premiar el silencio
Como creo que este es el caso
Nadie ha hecho + méritos que yo
Soy el menos prolífico de todos
Años de años que no publico nada

Me considero
Un drogadicto de la página en blanco
Como lo fuera el propio Juan Rulfo
Que se negó a escribir
+ de lo estrictamente necesario

XVIII

QUÉ ME PROPONGO HACER CON TANTA PLATA?

Lo primero de todo la salud
En segundo lugar
Reconstruir la Torre de Marfil
Que se vino abajo con el terremoto

Ponerme al día con impuestos internos

Y una silla de ruedas × si las moscas…

XIX

LOS DETRACTORES DE LA POESÍA

Van a tener que pedirnos perdón en cuclillas
Ha quedado de manifiesto
Que se le puede hacer la pelea a la prosa:
La cenicienta de las bellas letras
No tiene nada que envidiar a sus hermanastras

Goza de buena salud
En opinión de justos y pecadores
Señores Fukuyama
                    Gombrowicz
                                        Stendhal
Platón & Cía. Ilimitada

XX

RULFO SE PUSO FIRME CONTRA VIENTO Y MAREA

Tres veces 100 y punto
                    ni una página +
El escritor no es una fábrica de cecinas

En lo que a mí respecta
17 años entre primer y segundo libro
Claro después pasó lo que pasó:
Se me moteja de poeta bisiesto
Paciencia
C/4 años un domingosiete
Plagios
      Adaptaciones
Gárgaras para combatir el insomnio
Ofrezco la palabra

XXI

PIDO LA PALABRA

Me llamo Pedro Párramo

No he leído a Juan Rulfo
Soy un hombre de campo
No tengo tiempo de leer a nadie

He oído decir eso sí
Que me deja muy mal en su novela

Sus razones tendrá digo yo
Nada en el mundo ocurre porque sí
Recordarase que era un dipsómano compulsivo
Ojo
    nació en Sayula
Lugar de moscas en lengua mapuche
Él no tiene la culpa de nada

A ustedes probablemente sí
Pero a nosotros no nos mete el dedo en la boca don Juan

En lo que a mí se refiere
Soy un analfabeto compulsivo
No tengo ganas de leer a Pérez
(Ese era su nombre verdadero
Se lo cambió de un día para otro)
Yo leo solo mis propios sonetos
Si les parece les recito uno
Que le escribí a la Susana San Juan
O será mejor que me multiplique × cero tal vez
Hacen mal en sacarme de la tumba!

XXII

PARALELO CON HAMLET

Hay fantasmas y espectros en ambos casos
En ambos casos corre mucha sangre
Sí señor
Hijos que se rebelan contra sus progenitores
Etc. etc.
Personaje difuso
Con + trazas de Hamlet que de Telémaco me parece a mí
Claro que con una diferencia × lo muy menos
Juan Preciado no tiene mucho de príncipe
Cristiano vulgar y silvestre
Peor aún
Hijo legítimo pero solo
Desde un punto de vista burocrático
+ mendigo que rey
Llega a Comala a pie
                              sin equipaje
Con la orden expresa de vengar a su padre
CÓBRASELO CARO HIJO
Mío Pedro Páramo debe morir
Aunque no × delitos isabelinos
Ojo
× ofensas de orden económico...
No se trata de un viaje de placer

XXIII

VEO QUE SE ME ESTÁN QUEDANDO DORMIDOS

Esa es la idea
Yo parto de la base
De que el discurso debe ser aburrido
Mientras + soporífero mejor
De lo contrario nadie aplaudiría
Y el orador será tildado de pícaro

XXIV

EL ESPAÑOL ES UNA LENGUA MUERTA

Moribunda en el mejor de los quesos
Es × eso que Rulfo redactó su *Quijote*
En el habla del siglo XVI

XXV

POR EVITAR LA TRAMPA DEL VERSO

Los escritores suelen caer en la prosa
Que es un vicio tan tonto como el otro
Cosa que no ocurre con Rulfo

No se diga que Rulfo escribe en prosa

XXVI

RULFO TIENE SOBRE LOS POETAS CONVENCIONALES

Incluidos los antipoetas
La ventaja
De no escribir jamás en verso

Ni siquiera en el verso llamado libre
Que es el + artificioso de todos
Según un gato llamado Ezra Pound

El que no se menea es vaca
Claro
porque la gente no habla en verso
No sé si me explico
Lo que quiero decir es otra cosa

XXVII

LA REPÚBLICA «HIDEAL» DEL FUTURO

Suprimirá los premios literarios
Pues no somos caballos de carrera
× un deudor feliz
Cuántos acreedores postergados…

XXVIII

RULFO LE DA LA RAZÓN A HEIDEGGER

Es fundación del ser × la palabra
Es un lenguaje que deviene opaco
(Jakobson)
Es un enigma que se niega a ser descifrado × los profesores

Y también le da la razón a Machado

Qué es *Pedro Páramo*?
Qué es *El llano en llamas*?

Unas pocas palabras verdaderas!

XXIX

AL PASO QUE VA RULFO

Terminará sentándose en el piano
Yo diría que ya se nos sentó
Nos vendió pan a todos × parejo
De sacristán a fraile

Comparados con Rulfo
Nuestros escritores parecen volantines de plomo
No queda + que sacarle el sombrero

Lo que es yo me declaro
Rulfiólogo de jornada completa

Mucho cuidado sí
Con confundir rulfiólogo con rulfista
Rulfista con rulfiano
Rulfiano con rulfófilo
Rulfófilo con rulfómano
Rulfómano con rulfópata
Rulfópata con rulfófobo
Sí:
Se ruega no confundir rulfófobo con rulfófago

XXX

HIPERREALISMO TESTIMONIAL

Hay que colgarle una etiqueta a ese Rulfo
Páginas en blanco
La fundación del ser × el silencio

Corrupción en las altas y en las bajas esferas
Sacerdotes armados hasta los dientes
Andan que se las pelan × el paisaje
Pancho Villa a la vista
Lo que oyen señoras y señores
Una pobre mujer
Agujereada × su propio padre
Pide silencio desde el lecho de muerte:
Justina
        hazme el favor de irte a llorar a otra parte

XXXI

DISCURSO DE GUADALAJARA

afonía total
Huelo + a cipreses que a laureles

XXXII

CERO PROBLEMA

Con este premio paso a la categoría
De caballero de la triste figura:

Donde me siente yo
Está la cabecera de la mesa caramba!

+ información
En soneto que está × publicarse

No sé si me explico
Lo que quiero decir es viva Chile
Viva la Confederación Perú-boliviana

XXXIII

APOYO LA IDEA GENIAL

de Ricardo Serrano

Que propone elevar al triple
El monto del Premio Juan Rulfo
De Literatura Iberoamericana

A condición eso sí
De que sea con efecto retroactivo

XXXIV

DESPUÉS DEL RULFO SUEÑA CON EL NOBEL?

Me pregunta al oído una gaviota
Como si yo fuera la Susana San Juan
Y ella el padre Rentería

Y yo le respondo con otra pregunta:

Si no se lo dieron a Rulfo
Por qué me lo van a dar a mí?

XXXV

CUÁL ES LA MORALEJA

de este cuento:
Que parece estar alargándose + de la cuenta
Muy sencillo señoras y señores
Hay que volver a releer a Rulfo
Yo no lo conocía créanmelo
Me encantaba
pero eso era todo
No lo había leído en profundidad
Ahora veo cómo son las cosas
Agradezco los narco-dólares
Harta falta que me venían haciendo
Pero mi gran trofeo es Pedro Páramo
No sé qué decir
A los 77 años de edad
He visto la luz
+ que la luz he visto las tinieblas

XXXVI

DE ACUERDO

Alle Kultur nach Auschwitz ist Müll
Traduzco
Toda la cultura posterior a Auschwitz
Es…
        basura
Digamos… casi toda señor Adorno

XXXVII

FRASES PA(R)RA EL BRONCE

1

Porvenir
Una bomba de tiempo

2

Consumismo
                    serpiente
Que se traga a sí misma × la cola

3

Mucho se habla de derechos humanos
Poco
        nada casi de deberes humanos
Primer deber humano
Respetar los derechos humanos

4

Vuelta a la democracia para qué
Para que se repita la película?
NO:
Para ver si podemos salvar el planeta
Sin democracia no se salva nada

5

Tercer y último llamado
Individualistas del mundo uníos
Antes que sea demasiado tarde

XXXVIII

SEGÚN DON ALFONSO REYES

La diferencia entre hombre y mujer
Está en la ortografía
La mujer tiene mala ortografía
Según don Alfonso
Qué dirá Derrida de todo esto?
Vive la différance
                    qué duda cabe
Pero qué es la diferencia para él?
La huella!
Y qué es la huella?
La huella derridiana no es:
No es nada
Y no puede encasillarse
En la pregunta metafísica «qué es?»

La huella
Sencilla y complejamente
Es la huella de la huella
La huella no es perceptible ni imperceptible
La huella es el devenir-espacio del tiempo
Y el devenir-tiempo del espacio

Capisco?

XXXIX

SILENCIO MIERDA

Con 2000 años de mentira basta!

XL

LA MUJER

Hay un punto
Que no podemos dejar de tocar
En ocasión tan álgida como esta
Voy a cederle la palabra a un muchacho
Que en pleno siglo XIX
Sabía ya lo que estaba diciendo
Comillas:
Cuando se rompan las cadenas que esclavizan a la mujer
Cuando ella pueda vivir por sí misma y para sí misma
Cuando el hombre
                                        sujeto abominable hasta aquí
La haya liberado
La mujer también accederá a lo desconocido

Sus constelaciones de ideas diferirán de las nuestras?
Ella hallará también cosas extrañas
Insondables
                    horribles
                                        deliciosas
Que nosotros sabremos apreciar
Que nosotros sabremos comprender

(Rimbaud, *Carta del vidente*)

XLI

BIEN

El sol miró para atrás
Esa es la verdad de las cosas
Se demostró que 2 + 2 son 4
O algo × el estilo
Sursum corda
Ahora sí que se fue la bolita

+ vale tarde que nunca
Habría dicho la Violeta Parra

Hasta que llovió en Sayula señor Rector

Ahora sí que seremos felices
Ahora sí que podremos cantar
Aquella canción que dice así
Con su ritmo tropical

XLII

EN RESUMEN

en síntesis
En buen romance
voto × Rulfo
Decididamente me quedo con Rulfo

Cómo que por qué
Por haber llevado a la práctica
Las instrucciones de González Martínez
Su compatriota de Guadalajara
Qué instrucciones son esas?

Punto uno:
tuércele el cuello al cisne de engañoso plumaje
que da su nota blanca al azul de la fuente
él pasea su gracia no más, pero no siente
el alma de las cosas ni la voz del paisaje

Punto dos:
huye de toda forma y de todo lenguaje
que no vayan acordes con el ritmo latente
de la vida profunda… y adora intensamente
la vida, y que la vida comprenda tu homenaje

Y punto final:
mira al sapiente búho cómo tiende las alas
desde el Olimpo, deja el regazo de Palas
y posa en aquel árbol el vuelo taciturno…

él no tiene la gracia del cisne, mas su inquieta
pupila que se clava en la sombra interpreta
el misterioso libro del silencio nocturno

XLIII

REPETIRÉ QUE ME PRONUNCIO POR RULFO

Los demás me parecen excelentes
Pero no me enloquecen en absoluto

Mientras los compañeros
Se dedicaban a enjaular a los pájaros libertarios
Él iba de un lado a otro
Resucitando muertos y vivos
Y a mí me encanta hacer estornudar a la gente

Si yo fuera el autor de *La tercera orilla del río*
Me atrevería a decir
Que me considero su hermano gemelo

XLIV

PERDONE SEÑOR PARRA

Si admira tanto a Rulfo
Por qué no se escribe una novela?

Porque como su nombre lo indica
La novela no-ve-la realidad
Salvo que sea Rulfo quien la escriba

Qué opinión le merece
El colapso ecológico del planeta?

No veo para qué tanta alharaca
Ya sabemos que el mundo se acabó

¿Culpables?

El lingam y la yoni
Ver explosión demográfica

Miserere di me...
El error consistió
En creer que la tierra era nuestra
Cuando la verdad de las cosas
Es que nosotros
          somos
                    de
                       la
                          tierra
No sé
El respetable público dirá

XLV

ULTIMÁTUM

O redactan de una vez × todas
La encíclica de la supervivencia carajo
O voy a tener que redactarla yo mismo
Solloza a voz en cuello
Vuestro señor Jesucristo
De Elqui
Domingo Zárate Vega
Alias el *ecóloco* del norte chico
Hurry up!
Eternidades hay pero no muchas

El planeta ya no da para +

XLVI

TERMINARÉ × DONDE DEBÍ COMENZAR

Ni socialista ni capitalista
Sino todo lo contrario:
                                        Ecologista
Propuesta de Daimiel:
Entendemos × ecologismo
Un movimiento socioeconómico
Basado en la idea de armonía
De la especie humana con su medio
Que lucha × una vida lúdica
Creativa
        igualitaria
                 pluralista
Libre de explotación
Y basada en la comunicación
Y colaboración de las personas
A continuación vienen los 12 puntos

XLVII

GRACIAS SEÑORES MIEMBROS DEL JURADO

Por este premio tan inmerecido
José Luis Martínez y Ramón Xirau de México
Claude Fell de Francia
Bella Joszef de Brasil
Julio Ortega del Perú
Ángel Flores de Puerto Rico
John Brushwood de los EUA
Carlos Bousoño de España
Fernando Alegría de Chile

XLVIII

MIS AGRADECIMIENTOS + SINCEROS

Al gobierno del Estado de Jalisco
Al ayuntamiento de Guadalajara
Al Fondo de Cultura Económica
A Pemex a Pipsa a Banamex a Bancomer
Y muy muy en particular
A la Lotería Nacional para la Asistencia Pública
Sin lotería yo no estoy aquí
Se comprueba la teoría de Leonardo:
1 % de inspiración
2 de transpiración
Y el resto suerte

XLIX

A QUIÉN DEDICAR ESTE PREMIO?
Respondo sin pensarlo dos veces

A Dios señor rector
Exista o no exista
Gracias
Es un honor muy grande para mí
Me despido con un abrazo bien apretado
Y con la autoridad irrestricta
Que le confiere el águila a la serpiente
Música maestro!
Doy × finiquitado el siglo XX
Good bye to all that
Hasta cuándo señoras y señores
In nomine Patri
et Filii
et Spiritus Sancti
Doy × inaugurado el siglo XXI
Fin a la siutiquería grecolatinizante
Venga el bu
No + mentiras piadosas
Hay que decirle la verdad al lector
Aunque se le pongan los pelos de punta
Basta de subterfugios
Asumamos de una vez × todas
Nuestra precariedad agropecuaria
Lo demás es literatura
Mala literatura modernista

A otro Parra con ese hueso Señor Rector

A mí me carga la literatura
Tanto o + que la antiliteratura

Si tuviera 20 años me iría al África
A comerciar en estupefacientes

Guadalajara, a 23 de noviembre de 1991

L

ÚLTIMA HORA-URGENTE

Ayer conocí en el café Nápoles
A un muchacho que lee mucho
Tiene capacidad para hacer hablar a los muertos
Y escribe sapo con zeta
Se firma Juan Rulfo
Pero su verdadero nombre es Juan Pérez
Troika
Han pasado los años
Hoy todo el mundo sabe quién es Rulfo
Se le compara con el propio Cervantes
Y yo propongo que en lo sucesivo
La palabra sapo se escriba con zeta

En honor a este huaso mexicano

MAI MAI PEÑI[14]

14. Saludo mapuche, algo así como 'hola hermano'.

CALCETINES HUACHOS

CRISTO DE ELQUI SE LANZA CONTRA LOS PATRONES DESVERGONZADOS

Los patrones no tienen idea
quieren que les regalen el trabajo
nunca se ponen en el lugar del obrero

píqueme esa leñita maestro
cuándo me va a matar esos ratones
anoche no pude dormir otra vez
hágame brotar agua de la roca
la Sra. tiene que ir a un baile de gala
hay que bajar al fondo del mar
un puñado de perlas × favor

otros son + carajo todavía
plánchame esa camisa desgraciado
anda a buscarme un árbol al bosque weón
¡arrodíllate mierda!
                                        anda a arreglar los tapones
¿Y si me electrocuto?
¿Y si la roca se me viene encima?
¿Y si me cruzo con el león en el bosque?
eh!
eso no tiene nada de particular
eso no tiene la menor importancia

lo verdaderamente importante
es que el caballero pueda leer el diario trancuilo
bostezar a su regalado gusto
oír música clásica × el campeonato
quel obrero se rompa la crisma
que se mande guardabajo
mientras está soldando una viga de fierro
nada de que admirarse
estos rotos son unos pajarones

que se vaya a la punta de su madre
y después no sé lo que pasó
no se imagina cuánto lo siento sra
2 o 3 golpecitos en la espalda
y una viuda con sus 7 ratoncitos a la miseria

AUTOBIOGRAFÍA

Nací el 12 de marzo de 1905
o tal vez
el 17 de febrero de 1899
está por averiguarse
estudié Pornografía en Italia
donde me gradué de maestro gásfiter
o quizá de sacerdote católico
no sé
está × averiguarse
es la actualidad estoy preocupadísimo
porque sé que me tengo que morir
continuará

YO DEMOCRATICÉ LA POESÍA

Yo la salvé de una muerte segura
Yo digo yo
firmado doctor Yo
Nada de chistecitos personales
El idilio no daba para más
hubo que suprimir de raíz la metáfora
Ahora todos escribimos en prosa
Yo digo yo
Firmado
Doctor Yo

QUÉDATE CON TU BORGES

Él te ofrece el recuerdo de una rosa amarilla
Vista al anochecer
Años antes de que tú nacieras
Interesante puchas qué interesante
En cambio yo no te prometo nada
ni dinero ni sexo ni poesía
un yogurt es lo + que podría ofrecerte

EPITAFIO

Yo soy Lucila Alcayaga
alias Gabriela Mistral
primero me dieron el Nobel
y después el Nacional

a pesar de que estoy muerta
me sigo sintiendo mal
porque no me dieron nunca
el Premio Municipal

LO QUE YO NECESITO URGENTEMENTE

es una María Kodama
que se haga cargo de la biblioteca

alguien que quiera fotografiarse conmigo
para pasar a la posteridad

una mujer de sexo femenino
sueño dorado de todo gran creador

es decir una rubia despampanante
que no le tenga asco a las arrugas
en lo posible de primera mano
cero kilómetro para ser + preciso

O en su defecto una mulata de fuego
no sé si me explico:
honor & gloria a los veteranos del 69!
con una viuda joven en el horizonte
el tiempo no transcurre
¡se resolvieron todos los problemas!
el ataúd se ve color de rosa
hasta los dolores de guata
provocados × los académicos de Estocolmo
desaparecen como × encanto

LA SONRISA DEL PAPA NOS PREOCUPA

nadie tiene derecho a sonreír
en un mundo podrido como este
salvo que tenga pacto con el Diablo
S. S. debiera llorar a mares
y mesarse los pelos que le quedan
ante las cámaras de televisión
en vez de sonreír a diestra y siniestra
como si en Chile no ocurriera nada
¡Sospechoso sras y sres!
S. S. debiera condenar
al Dictador en vez de hacer la vista gorda
S. S. debiera preguntar
por sus ovejas desaparecidas
S. S. debiera pensar un poquito
fue para eso que los Cardenales
lo coronaron Rey de los Judíos
no para andar de farra con el lobo
que se ría de la Santa Madre si le parece
pero que no se burle de nosotros

EL GATO CHIMBARONGO

No le da bola al arroz con leche
Tiene que ser jamón o algo × el estilo
Servicio a la carta
                                        Sí señor
& lo + escandaloso de todo:
De ratones no quiere saber nada
Antes muerto de hambre
Que regresar a la naturaleza
Miau
        Miau
                Mirrimiau
Gato + depravado que este no hay
Tigre + regalón
                                        Imposible

RESURRECCIÓN

Una vez en un parque de Nueva York
Una paloma vino a morir a mis pies
Agonizó durante algunos segundos
Y murió
Pero lo + insólito
Fue que resucitó de inmediato
Sin darme tiempo para reaccionar
Y emprendió el vuelo
Como si nunca hubiera estado muerta

A lo lejos sonaron unas campanas

Y yo me quedé mirándola zigzaguear
Entre las estatuas de mármol
& me crujieron estrepitosamente las tripas
& me puse a escupir este poema

LA SAGRADA FAMILIA

Yo me llamo José Ella María
& nuestro hijo idolatrado se llama Jesús

Se rumorea que yo no soy su padre biológico
Pero eso carece de importancia

Lo importante
Es que la Sagrada Familia está aquí

Yo me defino como su padre platónico
Qué quieren que les diga:
A mí me basta con que el caurito me diga papá
Ánimo!
PAZCUA FELIZ PARRA TODOS
& muchas gracias × la atención dispensada

CARTAS AL DIRECTOR
~~ESPARTA CONTRA ATENAS~~

En el INBA[15] mandaban los deportistas
Así de simple
Mens sana in corpore sano
Los atenienses eran muy mal vistos

A los pelotudos
nos decían filósofos
& poeta era sinónimo de mariposón:

Antipoesía Sr Director
O Buenas Noches los Pastores

15. Internado Nacional Barros Arana
Sto Dgo 3535
+ conocido × I. N. Barros con Sarna.

ROSITA AVENDAÑO

Yo llegué a V año básico
Repetí primero
segundo
tercero
cuarto y quinto
Me aburrí mucho con las profesoras
Hasta que le dije a mi mamá
Que mejor me sacara del colegio

10 años perdidos
Era mala para leer

Después me quisieron mandar al colegio
Donde estaban los niños enfermos
Pero yo no les aguanté
Porque yo no soy ninguna niña enferma
Me cuesta decir las palabras
Pero no soy ninguna niña enferma

TOLE TOLE

Se acostó con varios amigos míos
en represalia
× haberme encatrado yo con su hermana

¡A la torre de Londres × maraca!

HE TRABAJADO DE TODO

Hasta de cadáver
Una vez me dijeron tiéndete ahí
Y yo que soy quien soy obedecí
Me taparon con unos diarios
& se pusieron a filmar una escena
Para una película

Otra vez
En un prostíbulo de San Antonio
Me obligaron
A chuparle las tetas a una vieja
Bajo amenaza de muerte

Qué quieren que les diga

DEJÉMONOS DE PAMPLINAS

En Chile nunca ha habido democracia
Ni la habrá:

Todas son dictaduras amigo lindo
Lo único que nos está permitido
Es elegir
Entre la de ellos & la de nosotros

Lenin dixit
Sea pobre & honrao compadre
Pero no sea nunca hueón

DE LAS INFALIBLES PALOMAS

No se libra la estatua de ningún presidente
Nos decía la Clara Sandoval

Las palomas saben muy bien lo que se hacen

LA SAGRADA FAMILIA
(RAP)

San José mira a la Virgen
La Virgen a san José
El niño mira a los dos
Y se sonríen los tres

En una aldea maldita
Con ínfulas de ciudat
Un viejo se enamoró
De una menor de edat

La va esperar al liceo
Con gran regularidat
La mira × el espejo
Le ofrece una cantidat
La toma de la cintura
Con mucha perversidat
Le dice m'hijita linda
Hágalo × caridat
Hasta que la colegiala
Perdió su vir-gi-ni-dat

Algunos dicen horror!
Otros qué barbaridat...
Ahora está × oírse
La voz de la autoridat
¡Cinco años × parte baja!
Aúlla la cristiandat

El viejo macuco jura
Que es falso
                    que no es verdat:
Fue solo un amor platónico
Excento de necedat
Espero que la justicia
Respete mi libertat

Y como el viejo era rico
Triunfó la vulgaridat

A todo esto la virgen
Sale con su novedat
Un ángel
              un querubín
Excento de mezquindat
El arcoíris que anuncia
El fin de la tempestat
Igual a papá José
Murmura la cristiandat

El viejo rejuvence
De pura felicidat
Y para abreviar el cuento
Se casa con la beldat

Jesús de los afligidos
Hágase tu voluntat

NOTA A LA EDICIÓN

Este volumen contiene —a mi entender— el centro neurálgico de la obra poética de Nicanor Parra. Comienza con el libro *Poemas y antipoemas*, que viene completo, al igual que *La cueca larga*. Continúa con *Versos de salón*, *Canciones rusas* y los poemas reunidos en 1969 en *Obra gruesa*. De estos hago una generosa selección, en la que asombra la pareja calidad de los textos.

El primero de los libros inspirados en el predicador Domingo Zárate Vega, titulado *Sermones y prédicas del Cristo de Elqui*, va completo. Escogí la primera entrega porque en ella se distingue con nitidez la operación de Parra de suplantar una voz ajena con su identidad, y desde esa voz escribir poemas nuevos. Estos poemas articulan un discurso del cual no se pueden extraer piezas, ya que tiene una cualidad dramática que solo se comprende al leer la serie tal como fue estipulada.

De la obra posterior a esta etapa, incluí completo el libro *Hojas de Parra*, que fue publicado en su momento como una antología de los textos que escribió el poeta durante la dictadura. A mi parecer, este es un libro fundamental en su evolución. Muestra distintas facetas que luego desplegaría con mayor intensidad. Entre otras, está el gesto vanguardista de «apropiarse» de un escrito, tal como Duchamp de un objeto y tal como lo teorizaría Guy Debord. De ahí que la inclusión de varios monólogos y un par de diálogos de *Lear, rey & mendigo* sea coherente. Parra al firmar este libro llevó a cabo un acto definitivo que puso a su obra lejos de ser una traducción más de Shakespeare. Hizo de este clásico una versión propia, en la que se observa su especial habilidad formal para convertir el verso blanco isabelino en endecasílabos sin rima que se escuchan como salidos del habla callejera.

Para cumplir con mostrar lo esencial de las líneas de trabajo de Parra, sumé uno de sus *Discursos de sobremesa*, el que escribió cuando obtuvo el Premio Iberoamericano Juan Rulfo en 1991. Se trata de un pedazo fundamental de su trabajo (una perfecta fusión del ensayo con la poesía), en el que el autor dialoga con otros escritores alternando registros. Lo hace de una forma única, con erudición, escepticismo y gracia, en un tono que no decae y se mantiene con fuerza literaria insólita.

Los poemas que seleccioné de revistas y de antologías o recopilaciones están bajo el título *Calcetines huachos* que el mismo Parra entregó para una eventual publicación de sus poemas dispersos. La única excepción son los poemas de *News from Nowhere*, publicados en 1975 en la mítica revista *Manuscritos*. Por su fecha y por su índole, van puestos en esta antología como un título más en el lugar que cronológicamente corresponde. En *Calcetines huachos* se agrega la obra de las últimas décadas, escrita con una sofisticación pop temeraria. Parra no ha dejado de experimentar desde que empezó a escribir. Este libro es una constatación de su capacidad para tocar diversas fibras del sujeto contemporáneo sin dejarlo ileso.

Solo un genio como Nicanor Parra es capaz de lograr que leamos poesía con la misma urgencia con que sale un disparo, y que sin notarlo sigamos leyendo sus versos completamente heridos. La bala estalla dentro del lector con una sonrisa, una carcajada o una mueca de perplejidad.

La exclusión de la obra visual del autor obedece a la consideración de que corresponde a una veta de Nicanor Parra tan importante que requiere ser reproducida en otro tipo de condiciones que escapan al propósito de esta obra selecta.

MATÍAS RIVAS

ÍNDICE

POEMAS Y ANTIPOEMAS

I

II

III

LA CUECA LARGA

DE *VERSOS DE SALÓN*

DE *CANCIONES RUSAS*

DE *OBRA GRUESA*

DE *NEWS FROM NOWHERE*

HOJAS DE PARRA

I

II

III

DE *DISCURSOS DE SOBREMESA*

CALCETINES HUACHOS

Este libro
terminó de imprimirse
en Madrid
en marzo de 2024